老子道德經的現代解讀

王邦雄

序

講《老子道德經》，將近四十年之久，恐怕比老君自己，還更專業更投入呢！

講老學必講原典，《道德經》不過五千言，不直接讀原典，甚至讀不精熟，還真說不過去，因為只有精熟，才有慧解。

研究老子的學術論著，寫在民國六十七、八年間，此知識的學問，在中壯年即可登上高峯，《老子的哲學》建構了整部《道德經》的思想體系；而生命的學問，則有待生活的體驗，與歲月的錘鍊來消化會通，老子三書《老子道》、《生死道》、《人間道》講於民國七十八、九年間，已深入靈動許多，可以放開理論架構的束縛，而直對人生說解，抉發隱藏在字裡行間的靈動智慧。

而今既不建構理論的體系，也不透顯體悟的智慧，而放下平平，回歸老君原典，逐章逐句的解讀。每章依其理路架構，分段標點，解析語文脈絡中的意涵。且以經解經，以老解老，旨在求得貼切而恰當的理解。《老子道德經的現代解讀》，就在即將從大學教席退休的成熟年代，才一章又一章的寫了出來。

十幾年前刊行了由課堂實錄集結而成的《生命的大智慧》，一者匆促成書，詮表的僅有二十二章，二者口語表述生動有餘，而嚴謹不足，結構相對鬆散，三者體會猶不深，感受亦不切，義理精微透顯不出來，頗引以為憾！前些年，在中副寫方塊專欄，專就自身最有感受也最具創意的先秦諸子來書寫，先寫《莊子》寓言，再寫《論語》一以貫之的儒學體系，最後詮解《老子》原典，意圖將《生命的大智慧》未講論的其他篇章，加以補全。惜《中央日報》停刊，逐章連載隨之停擺，不過仍一鼓作氣，依章次寫下來。原本講堂實錄隨意整理寫出的二十二章，其中七章的詮釋大體完好，在關鍵處點出，義理顯豁即可，其他十五章均重新解讀。如此，八十一章已完整成書，由遠流精心編排，大力發行。但願此積累數十年講課功力的現代解讀，可以源遠而流長，讓兩岸中國人可以隨《解讀》而讀懂老子，而以太上老君的道眼來看世界看人生，照現天地的真相，與人間的真情。

依我「在家、出家與回家」之人生進程的三部曲來看，《老子的哲學》是在家，老子三書是出家，而《老子道德經的現代解讀》則是回家。讀老子要讀進去，不僅讀懂，還要讀出整套的世界觀與價值觀來，那是「在家」；要讀出整套來，還要化知識為智慧，由結構而解構，以創意滋潤生命，以靈感美化人生，這是「出家」；不論理論建構的「在家」，與靈動解構的「出家」，總要回歸原典老家。隨著少年成長、中年創業、老年休閒的人生腳步，誦念朗讀老君真言，咀嚼回味，以生命做為底本，與經典對話印證，相看兩不厭，隨著水漲而船高，體驗越深，感受越真切，解讀的理境隨之上升，原本的理論架構與智慧靈動，也在拓展加深中。似乎在我們的生命解讀中，豐富了也深化了老學的意涵，此之謂由解構而重構的「回家」。此時人人的創意新解，終將匯入老學傳統的歷史長流，因為有我，老學就此不一樣了。

「為學日益」的知識進路，可能成了「書呆」，書讀進去而生命出不來；「為道日損」的生命進路，則由「書呆」化身而為「書生」，生命靈動了卻不知其所歸；既消化了經典，再活用於人生，化絢爛為平淡，將天大地大引入家常日常中，不凸顯生命的光采，而歸於生活的平實。似乎亙古以來，人間就是如此真實而美好。這一來，出家的「書生」，已蛻變而為在家的「真人」了。《莊子‧大宗師》有云：「有真人而後有真知。」人生兩大出身，一是家門的「宗」，一是師門的「師」，此家門的香火與師門的薪火，得以永傳，根源在「道體」。真人真知，就在宗大道以為師，體現了天道，也成全了人間。老莊道家的高明智慧，就在開啟了人人皆可成「真人」的價值空間。

數十年來，先後在輔仁、文化哲學系所，淡江中文系所，與中央中文系所與哲研所開課講學，也在鵝湖月刊、國文天地、新象藝術中心、華山講堂、敏隆講堂、蕙質媽媽社、賴許柔文教基金會等民間文化講座解經論道，老子《道德經》成了最受歡迎的重點課程，熱門叫座也激發了講座的熱情，講堂課室的現場，給出了共同創作的空間，諸多解悟，就在講課間突地閃現，自身感動之餘，課後也跟著學生寫筆記，《老子道德經的現代解讀》，可以說是講學近四十年的心得結晶，也回饋了一路陪伴同步成長的諸多學生與朋友，這可是講堂、講座與聽講同道三者交會而成的成果展現。

王邦雄序於民國九十八年十二月　淡大中文系

目錄

話說老子

老子《道德經》不過五千言，卻道貫古今，源遠流長幾千年。太上老君與至聖先師在文化心靈的傳承中，地位等同，分量一致。

老子身世如謎，有關他的生平事蹟難以詳考。我們只知道老子姓李，名耳，字聃，後來的人都尊稱他為老子。司馬遷在《史記・老子韓非列傳》中僅能將三個傳說並列，無法判定三者間哪一位傳說人物會是老子的本尊。不可思議的是，卻可以明確說出他是「楚苦縣厲鄉曲仁里人也」，此隱寓對老子其人的批判，恐怕是因為老子說了「天地不仁」、「聖人不仁」、「絕聖棄智」、「絕仁棄義」這樣的話。

「孔子問禮於老聃」，他似乎是孔子的前輩，不過依《道德經》「失道而後德」、「失德而後仁」、「失仁而後義」、「失義而後禮」的思想脈絡來看，老子認為儒學的仁義禮，若失落道德的活水源頭，將會乾枯僵化。由是而言，他不會是孔子問禮的禮學專家，也不能是孔子的前輩，他的年代應該在孔子之後。

老子說「道」，為的是要合理解釋萬物的存在。問「道」憑什麼可以生成萬物？他的體會是「道」有兩面向，一面是「無」，一面是「有」。因為道體是「無」，是無限的存在，超越在萬物之上，而沒有萬物會疲累會病痛的有限性，所以可以做為天地萬物的根源之始；道體也是「有」，內在於萬物之中，永遠陪伴萬物的成長，所以可以做為天地萬物的生成之母。

道一體兩面，同時又無又有，這不是矛盾，而是玄妙。而在兩面向之外，又兼具雙重性。在有無之間，「無」更為根本。「天下萬物生於有，有生於無」，「有生於無」可不是「無中生有」，「無」不是存在樣態的描述，而是修養的觀念，不是一無所有，而是無執著與無分別。「絕仁棄義」與「絕聖棄智」，不是反對仁義或否定聖智，而是解消心知的執著；我不是仁義的化身，且放下聖智的身段，我忘掉了我的高貴，也消解了我的傲慢，從高高在上的權威寶座走下來，才可能跟天下人走在一起。也就是說，我「無」了我自己，而把「有」的成長空間給了天下人。

道體的「無」，是「獨立而不改」，道體的「有」，是「周行而不殆」，從本體論而言是「有生於無」，從修養論而言則是「無了才有」。能無掉名利權勢、不攀緣不投靠的人，生命人格才可能獨立自主，而一生不改本色初衷；且人格獨立的人，才能遍行天下，而不會迷失沉落，毀壞了人生的行程。

老子《道德經》開宗明義即云：「道可道，非常道；名可名，非常名。」可道、可名，由知善、知美而來。老子所說的「知」，主體在「心」，本質是「執」，心知執著於善之所以為善、美之所以為美的價值標準，而責求天下人符合我執定的標準。問題在，這一美善的標準，卻是心知的執著與主觀的偏見，並不是放諸四海皆準的普世價值。實則，回歸每一個人的生命本身而言，每一個人都有自家的善與自身的美。把標準定在自己，而把跟我們不同的人判為不對，這是人世間最大的傲慢與偏見。而化解之道，就在拆除自己心裡的監牢，從自我禁閉中走出來。我放下我的對，我才會肯認你的對；我忘記我的好，我才會看到你的好。所以說：「上德不德，是以有德。」

總說，老子《道德經》這一部堪稱質量最高的智慧寶典，留給我們的就是「無」的形上智慧。別看道體沖虛，卻妙用無窮，有如水庫沖虛，水注入它不會盈滿，水倒出它也不會枯竭。吾心致虛守靜，一者可以無限的包容，二者虛靜如鏡，可以觀照萬物。「萬物靜觀皆自得」，在吾心靜觀之下，萬物可以回歸自然，活出自家的美好。這就是道家式的「生」。

趙孟頫所繪之《老子像》，旁有張大千題字及歷代名人的鑑賞印記。

第1章 有無玄妙的天道思想

走出自己想走的路，活出自己想要的內涵。

道可道，非常道；名可名，非常名。無，名天地之始；有，名萬物之母。故常無，欲以觀其妙；常有，欲以觀其徼。此兩者，同出而異名，同謂之玄；玄之又玄，眾妙之門。

道可道，非常道；名可名，非常名。

第一章開宗以明義，說「道」與「名」。「道」是「道路」，「名」是「名分」；《論語》說「士志於道」，也說「必也正名乎」；而道路與名分的轉接點，就在禮制。老子在孔子之後，對「道」與「名」，做出超越的反省。「道可道，非常道；名可名，非常名」，此言「道」若可道，已非常道；「名」若可名，已非常名。

「可道」的「道」，當動詞用，依「夫子自道也」來解，當「言說」解，依「道之以德」來解，當「引導」解。兩說同時成立，問何以言說？是為了引導；問如何引導？要通過言說。言為心聲，言說有心，引導有為，因為已加入了心知人為，就不再是恆常之「道」的本身了。故人生的道路，假如可以通過言說去引導的話，就不會是每一個人自己想走的人生道路了。

「可名」的「名」，也當動詞用，不論宗教教義，或哲學體系，甚至是人間禮制，都要給天下人「名」分；由「名」定「分」，位在怎麼樣的「名」，就要盡到怎麼樣的「分」。《論語》的「君君，臣臣；父父，子子」，就是所謂的「正名」。如何「正名」？就在盡分。君臣正名盡分，父子也要正名盡分，家齊國治，不就天下平了嗎？故可名的「名」，就在「名」的規定中，賦予「分」的價值內涵；此規定中賦予內涵的「可名」，已加入了心知人為的成分，就不再是恆常之「名」的本身了。故生命的內涵，假如可以通過規定去賦予的話，就不會是每一個人自己想要的生命內涵了。

再上下兩句貫串下來，「名」由「道」來，人走在怎麼樣的人生「道路」上，就會活出怎麼樣的「名分」內涵來，《莊子・齊物論》有云：「道行之而成，物謂之而然。」由《莊子》解《老子》，最為貼切。「道」是思想體系，給出「物」的存在分位，「道」要「行之」而「成」，「物」要「謂之」而「然」；「行之」是實踐，「謂之」是評價，你做了什麼？你才是什麼！什麼都不做，也就什麼都不是。道行之有「成」，物謂之得「然」，「然」就是活出一生的價值內涵。

《莊子・齊物論》說：「可乎可，不可乎不可。」也說「惡乎然？然於然。惡乎不然？不然於不然。」可於「道」，然於「名」，皆人生道路與價值內涵的認可與判定。問題在，要「可」於「道」的自身，要「然」於「物」的自身，而不是心知人為的認可與判定。故「可道」與「常道」，「可名」與「常名」，是超越的區分；「可道」不再是「常道」，「可名」不再是「常名」了，此由「可道」、「可名」的遮撥，而彰顯「常道」、「常名」的自身，在不可說中說，在說它不是什麼中，說它是什麼，由「遮」而「詮」，是謂遮詮。

無，名天地之始；有，名萬物之母。

此「無」與「有」，皆是「道體」的存在性格。「道」有兩面向，一邊是「無」，一邊是「有」。因為「道體」是超越在萬物之上的「無」，從人間的觀點來看，它好像什麼都不是，它是無限，所以它可以做為天地萬物的根源之「始」；「道體」又是內在於萬物之中的「有」，從人間的觀點來看，它好像什麼都是，它徧在天地間的每一個角落，所以它可以做為天地萬物的生成之「母」。

天地是總稱，萬物是散說，「道體」一直擔負天地之「始」與萬物之「母」的生成作用，所以我們就給它「天地之始」與「萬物之母」的稱號。前者是「道」，後者是「名」；因「道」的行，而有「道」的名。「做了什麼」是「道」，「才是什麼」是「名」，此「名」就是道的「然」。

故常無，欲以觀其妙；常有，欲以觀其徼。

首段說「道體」的「常」，接著說「道體」的「無」跟「有」；此段則連貫前二者說「道體」的「常無」與「常有」。因為「道體」是恆常的「無」，「道體」又是恆常的「有」。

「欲」是生命主體的意向，「觀」是生命主體的觀照；「觀其妙」與「觀其徼」的「其」，皆是指涉「道體」。「道體」是超越的「常無」，吾心虛靜觀照，可以照現「道體」常無的「始物」之妙；「道體」又是內在的「常有」，吾心虛靜觀照，也可以同時照現「道體」常有的「終物」之徼。

「徼」，王弼注：「歸終也。」從「始」之根源說妙用，從「母」之生成說歸終，陪伴萬物走完生命的全程。

此「觀」是直觀，直接看到，不必通過中介；因為中間的媒介，一者是彰顯，二者是遮蔽，彰顯的同時是遮蔽；有如兩地間的中介橋梁，會通的同時是障隔。只有解消「可道」與「可名」的中介橋引，才可以直接看到「常道」與「常名」的本身。

此經由生命主體的心靈修養，觀照體現「道體」常無的「始物」之妙，與「道體」常有的「終物」之徼，將「道體」的生成原理，引向人間；開啟了人道可以走向天道的大門。

此兩者，同出而異名，同謂之玄；玄之又玄，眾妙之門。

「此兩者」，指涉的是「道體」的「無」，與「道體」的「有」；「同出」是同出於「道體」，「異名」是不同的稱號。「無」是根源之「始」，「有」是生成之「母」。「同謂之玄」，是從「道體」而言，它既是「無」，又是「有」。「玄」是玄妙奧藏，不可思議。人間萬象是「無」，就不能是「有」；是「有」，也就不能是「無」。「道體」是「無」，而不死於「無」；是「有」，而不滯於「有」。無而「不無」，是無而「有」；有而「不有」，是有而「無」。

此「無而有」，又「有而無」，不構成矛盾。因為「無」不是存在樣態的描述，說什麼都沒有，而是化解心知執著的修養。「無而有」是「無」的修養，可以成全「有」的美好；「有而無」是「有」的美好，要靠「無」的功夫來保存。

「同出而異名」是一而二，「同謂之玄」是二而一；「玄之又玄」就是「無而有」與「有而無」之雙向圓成的生成妙用。「眾妙之門」，「眾妙」指涉的是天地萬象；「門」指涉的是道的生門。

一切的存在，都從「道」的「玄門」出來，又回到「道」的「玄門」裡去；它既是「始」，又是「終」。它既是根源，又是生成，有如人間的「家門」，一家人的一生，就從家門出來，又回到家門裡去；而「道體」就是天地萬物的「家」，它的「無」，給出我們活出一生的空間；它的「有」，陪伴我們活出一生的美好，這一又無、又有的玄妙，就是老子所體現的生成原理。

第2章

功成弗居的實現原理

人家只是跟我們不同，人家不見得不對。

天下皆知美之為美，斯惡已；皆知善之為善，斯不善已。故有無相生，難易相成，長短相較，高下相傾，音聲相和，前後相隨。是以聖人處無為之事，行不言之教。萬物作焉而不辭，生而不有，為而不恃，功成而弗居。夫唯弗居，是以不去。

天下皆知美之為美，斯惡已；皆知善之為善，斯不善已。

「天下」指稱的是天下人。「知」的主體是「心」，「心」有「知」的作用；而「知」的本質是「執」。「美」與「善」，是人世間的兩大價值。「知美」、「知善」，不是客觀的認知，而是主觀的執著。故「美」、「善」的價值標準，既是心知執著而來，當然是非理性的偏見。

「知美之為美」、「知善之為善」，是心知對美之所以是美，善之所以是善的內涵，做出規定；而內涵決定外延。「斯惡已」、「斯不善已」，此「斯」當「則」解；而美醜相對，善惡相對，凡不合乎這一美善標準的人，都被判定為不美跟不善，而被排除在人間美善的價值界域之外，等同被流放邊陲蠻荒，痛失自家的美善。這一美醜、善惡的執著二分與價值判斷，堪稱人間世界由紛擾走向裂解的癥結所在。

這一章的「知美」、「知善」，可與上一章的「可道」、「可名」連線求解，以言說引導的「可道」，與在規定中賦予的「可名」，就是心知執著的美善之道，與價值內涵。把美善標準定在自身，是偏見；責求他人合於標準，是傲慢。判定他人為醜惡，則已成傷害；實則，就人的天生自然的本真而言，每一個人都有自家的美跟善。人人天真，人人美善，人我之間，人家只是跟我們不同的美，不同的善，而不可以判定人家就是不美、不善。

故有無相生，難易相成，長短相較，高下相傾，音聲相和，前後相隨。

人間價值在美醜、善惡之外，還有有無、難易、長短、高下、音聲與前後的相對二分，這幾組觀念，皆相對而立，相因而成，互相以對方為原因而成立。有了一個「有」，就同時有了一個「無」；有了一個「難」，就同時有了一個「易」；有了「長」，就同時有了「短」；有了「高」，就同時有了「下」；有了「主音」，就同時有了「和聲」；有了「前」，就同時有了「後」，如同連體嬰一般，同時出現，難以切割。

落在人間的分別、比較來看，有人比較「有」（富足），就有人比較「無」（貧窮）；有人比較「難」以理解，有人比較「易」於溝通；有人比較擅「長」，有人比較「短」缺；有人比較「高」貴，有人比較卑「下」；有人負責主「音」，有人伴隨和「聲」；有人超「前」，就有人落「後」。

這不是現象的因果，而是心知觀念的同時成立。此街頭萬象，在心知執著與人為造作的推波助瀾之下，已將人間裂解為兩個截然不同的世界，人生的困苦在此。

是以聖人處無為之事，行不言之教。

聖人處天下事，也行教人間，天下紛擾與人間困苦，可能來自在位者的「有為」

與「多言」，故聖人處天下事，首要在「無為」，行教人間，根本在「不言」。「不言」，即「無心」；「無心」，即「無為」。「不言」，即是無掉美醜、善惡的執著分別；「無為」，即是無掉高下、長短的人為造作。那天下的紛擾，即可消散，人間的困苦，亦可遠離。

萬物作焉而不辭，生而不有，為而不恃，功成而弗居。

「作」，猶農作成長；「不辭」，他本作「不為始」。「辭」，可當「言辭」與「推辭」解，而言者有心，不辭即無心；推辭即有為，不辭即無為。無心無為，即不加干預，不做主宰之意，故可解為「不為主」，與「不為始」義理相通。「萬物作焉而不辭，生而不有，為而不恃」這三句話，與第十章及五十一章：「生而不有，為而不恃，長而不宰」對看比較，「萬物作焉而不辭」等同於「長而不宰」。

「萬物作焉」即是「長」，「不辭」解為「不為主」，也就是「不宰」。這一不有、不恃、不宰的自我解消，總說就是「功成而弗居」。生、為、長，是「功成」；不有、不恃、不宰，是「弗居」。這是人生「有而無」的修養工夫，也是在放下中，成全「無而有」的生命大智慧。

夫唯弗居，是以不去。

此句可與上句「功成而弗居」做一比較。「功成而弗居」是功成在先，弗居在後，這是時間的先後；而「夫唯弗居，是以不去」卻是弗居在先，功成不去在後，這是「形而上」的先後。

故最後一句，奇峰突起，由人生的修養，往上翻越而為形上的體悟；原來，不居功才是真正的大功告成，這是由人生的修養工夫，體現了天道的生成原理。

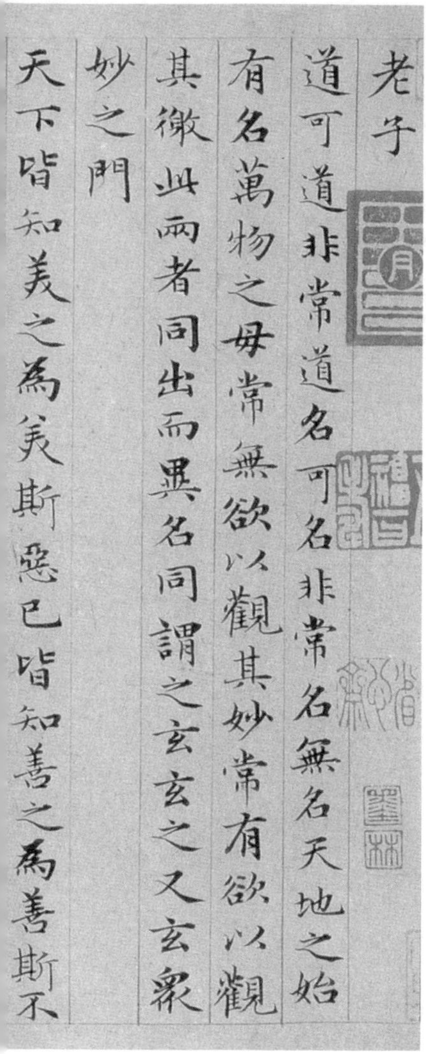

趙孟頫《道德經卷》局部 小楷書（北京故宮博物院藏）

無為之事行不言之教萬物作而不辭生而不
有為而不恃功成不居夫唯不居是以不去
不尚賢使民不爭不貴難得之貨使民不為
盜不見可欲使心不亂是以聖人之治也虛其心實
其腹弱其志强其骨常使民無知無欲使夫知
者不敢為也為無為則無不治矣
道沖而用之或不盈淵乎似萬物之宗挫其銳
解其紛和其光同其塵湛兮似若存吾不知
其誰之子象帝之先
天地不仁以萬物為芻狗聖人不仁以百姓為芻
狗天地之間其猶槖籥乎虛而不屈動而愈
出多言數窮不如守中
谷神不死是謂玄牝玄牝之門是謂天地根
緜緜若存用之不勤
天長地久天地所以能長且久者以其不自生故
能長生是以聖人後其身而身先外其身而身
存非以其無私耶故能成其私

第3章

虛心弱志的無爲智慧

人間街頭的名利，看似尊貴，實則虛幻。

不尚賢，使民不爭；不貴難得之貨，使民不為盜；不見可欲，使民心不亂。是以聖人之治，虛其心，實其腹；弱其志，強其骨。常使民無知無欲，使夫智者不敢為也。為無為，則無不治。

不尚賢，使民不爭；不貴難得之貨，使民不為盜；不見可欲，使民心不亂。

這三句話，主語省略，看上下語文脈絡，當指「君上」。「君上」引領天下人民，不崇尚賢德的名號，天下人民就不會去爭逐抽象的名號了；不尊貴難得的財貨，天下人民就不會去盜取身外物的貨利了。「不見可欲」，此「見」，唸作「現」，當「展示」解，有如商展櫥窗的精品展示一般。君上的「尚」跟「貴」，在天下人民的心中，構成了「可」：「可欲」，是可以擁有賢名與貨利的想望與預期。

此與《孟子》「可欲之謂善」的義理，大不相同。孟子所說的「可」，是良知、本心的認可；欲求通過「良心」的檢驗、認「可」，那就是「善」。老子所說的「可」，是心知執著的預期，人心會因期盼、痴狂而大亂。故君上不崇尚、不尊貴、不展示拋現，解消天下人心知執著的「可」，民心就不會紛擾混亂了。

是以聖人之治，虛其心，實其腹；弱其志，強其骨。

理想的聖人，有別於現實的君王，要做修養的工夫；而工夫，在心上做。因為「尚」賢、「貴」貨的「現」可欲，皆是君王的有心、有為。「虛其心，實其腹；弱其志，強其骨」，這四個「其」字，都指涉聖人自身。

「虛其心」，是虛掉自己的心知，「弱其志」，是削弱自己的意志；因為心知一起執著，意志一定跟進，且志在必得會帶出人為造作，誤導天下人民，走向爭逐賢名，盜取貨利，與在可欲中心亂的不歸路。

「實其腹」與「強其骨」，是因虛心、弱志的消解放下，而朗現生命的自然；天下本無事，就可以在「日出而作，日入而息，鑿井而飲，耕田而食」中，腹自然實，骨自然強，也就是解消人為造作，而回歸天生自然。

常使民無知無欲，使夫智者不敢為也。

在聖人自身虛心、弱志的引導下，一者要讓天下人民無知無欲；二者要讓才智之士不敢有為。惟「使民無知無欲」與「使智者不敢為」之說，引來愚民思想與反智之論的質疑。實則，「無知」是由聖人「虛其心」、「弱其志」而來；君上、下民一起無掉心知的執著與人為的造作，既非愚民，也非反智，而是心靈的修養。「無欲」是由聖人「實其腹」、「強其骨」而來，無掉心知對欲求的干預與助長，腹骨之生理欲求，因「無知」而歸於自然的真實與堅強。

「欲」不可能「無」，又何須「無」，所「無」的是心知的介入，與人為的干擾；故「無欲」當從「無知」說，從「無知」說「無欲」，消解君上拋落人民心中的「可」，沒有渴望的急迫感，也沒有預期的時間表，「欲求」就不會成為生命的負累。

「使夫智者不敢為也」，才智之士，精明能幹，滿懷優越感，而心存傲氣，不甘平淡過一生，老想衝出一番新局面。此由有心而有為，暴衝而出；「敢」是心知執著與人為造作，交錯而成的綜合體，說是敢作敢當，終究害了自己，也傷了天下。

為無為，則無不治。

聖人處天下事，當然要「為」；不過，所為的是「無為」。「無為」不是什麼都不為，而是無心的「為」，自然的「為」，讓天下人民與智者，都在君上的「無為」中「無不為」。聖人看起來好像什麼都沒做，實則什麼都做了。一國上下，皆回歸天道自然，人人自在，人人自得，不是「無不治」了嗎？「無不治」是人人活出真實的自己，而天下歸於平治。

統觀《道德經》前三章，由形上道體，開啟天下價值觀，並構成人間政治論。聖人不「尚賢」，天下不「知善」，人民就可以從「可道」中，回歸「常道」了；聖人不「貴貨」，天下不「知美」，人民就可以從「可名」中，回歸「常名」了。

首章開講形上學，二章反思價值觀，三章則落實政治論。這三章義理的統貫，堪稱整部《道德經》的總綱。

第4章

和光同塵的沖虛道宗

道體是虛的，永不會掏空也不會爆滿。

道沖，而用之或不盈；淵兮似萬物之宗。挫其銳，解其紛，和其光，同其塵。湛兮似或存，吾不知誰之子，象帝之先。

道沖，而用之或不盈；淵兮似萬物之宗。

「道體」生成萬物，所以說「道」是萬物的宗主；宗主是生命之所從來。問題在，「道」憑什麼可以生萬物？此生成原理何在？老子給出的究竟解答，在道體沖虛。

就因為「道體」是沖虛的「無」，它「無」了自己，而「有」了萬物。「用之或不盈」，就是「無」所顯發的生成妙用；「妙」用在它的又「無」、又「有」的「玄」，「不盈」是不會盈滿。《莊子・齊物論》說「道體」是「天府」，沖虛無限，而奧藏萬物。一者「注焉而不滿」，二者「酌焉而不竭」，水不斷的注入，它不會滿溢；水不斷的流出，它也不會枯竭。此兩面說，較為完整。因為只說「不盈」，而沒說「不竭」，透顯不出「道體」沖虛的玄妙。以《莊子》解《老子》，似乎更為貼切。

挫其銳，解其紛，和其光，同其塵。

這四個「其」字，承上文而來，均指謂「道體」。「道體」的虛無妙用，落在人間的體會來說，「道體」要挫損自己的鋒銳，同時也解開自己的紛擾；因為紛擾從鋒銳來，鋒銳有殺傷力，會逼出反感與對抗，引發人間的爭端與紛擾。

此外，「道體」也要消融自己的光芒；同時，混同自己於塵土。因為，光環在身，自家神采飛揚，會讓別人相對失色，而黯然神傷。且「光」從「銳」來，「塵」從「紛」來，鋒銳展露光芒，紛擾帶來塵土。

人間世的情意愛戀與理想擔負，皆有如塵土；問題在，人生路上的塵囂俗染，再不堪也得承受，總要通過；「同其塵」是人生處境的最佳寫照。問何以能夠？一者要「解其紛」，自己才受得了，二者要「和其光」，別人才願意；不然的話，紛擾會打垮自己，光芒會逼走別人。人生路上同在同行，也就不可能了；而「解其紛」與「和其光」的源頭，就在「挫其銳」。「挫其銳」是「道沖」的「無」，「解其紛」與「和其光」是「用之或不盈」的「有」，此又「有」、又「無」的「玄」，就可以生發「同其塵」的生成妙用。說「道體」是「萬物之宗」的理由在此。

人生在世，總要有一番體悟，所有在自己身上的光采亮麗，都是得罪人的，要心存歉意，而內斂涵藏，可別賣弄炫耀，隨意揮灑。因為，耽溺風華，獨享榮耀，想「同其塵」，也回歸無路了。

中國人喫茶，就在「茶藝」的美感品味間，體現「茶道」。而體「道」功夫，不離「挫其銳，解其紛，和其光，同其塵」的心靈涵養。「挫其銳」要喝烏龍茶，忘掉我是一條龍，不說飛龍在天，而說人間哪裡有龍？「解其紛」要喝武夷茶，解消武功，放下平平，就不會引來莫須有的紛擾；「和其光」要喝鐵觀音茶，因為觀音會放光，迫使別人張不開眼睛，所以用鐵皮遮住自己的光芒，就不會刺傷別人的眼神了；「同其塵」要喝普洱茶，普洱茶湯深濃如藥湯，且體性溫厚，而韻味深藏，人人可以喝，時時可以喝，不會傷胃，也不會睡不著，永遠跟眾生同在。人生路上，在品茗中修行，從喝烏龍到喝普洱，從沒有自己到與眾生同在，不就體現了天道的生成原理了嗎？

湛兮似或存，吾不知誰之子，象帝之先。

「湛」，《說文》：「沒也。」「道」不可見，也不可說；故首句以「淵兮似萬物之宗」，來描述「道」如深淵般的深不可測。「沒」也是不可見之意，上下兩句說「道」，皆加上「似」之不定詞，意謂雖看不到「道」，而「道」總在那裡生發作用，所以說「似或存」。如同《論語》所云：「天何言哉！四時行焉，百物生焉，天何言哉！」天從來沒說過什麼，但天地間四時不停的運行，百物也不停的生長，天何嘗說些什麼，又何須說些什麼！「吾不知誰之子」，我不知「道」從何而來，是誰生出它？實則，「道」是它自己存在的理由。「象帝之先」，「象」字，猶「似」字；「帝」，是造物主，指稱的是「天帝」或「上帝」的人格主宰之天。

　　老子旨在點明，假如天地間有所謂「天帝」、「上帝」的話，那麼我所體現的「道體」沖虛，而妙用無窮的形上性格，總是比各家、各教的「帝」更先在。因為只有沖虛，才可能無限的包容，而在奧藏中生發萬物。

第5章

聖人不仁的放開自得

父母空出自己，給兒女成長的空間。

天地不仁，以萬物為芻狗；聖人不仁，以百姓為芻狗。天地之間，其猶橐籥乎！虛而不屈，動而愈出。多言數窮，不如守中。

這一章，承上章「道體沖虛而妙用無窮」的體會而來。

天地不仁，以萬物為芻狗；聖人不仁，以百姓為芻狗。

此言天地生萬物，聖人生百姓的原理，就在不仁無心。依儒家的體會，生成原理在「仁」，而道家的獨特體會，相對而言，則在「不仁」。「芻狗」是用草做成的狗，用以祭祀，禮成即被棄置，故引來負面的解讀，以為天地冷酷無情，利用萬物又拋棄萬物；聖人也冷酷無情，利用百姓又拋棄百姓。實則，「不仁」，不是「仁」的否定，而是「仁」的超越。「仁」是「仁心」，「不仁」不是沒有「仁心」，而是不執著「仁心」。「仁」有心，「不仁」則「無心」；「無」是「工夫」的字眼，無掉仁心的執著。因為「仁者」愛人；一起執著，愛就會在高貴中傲慢，人我之間的情愛天秤，立即失衡。愛是擔負，不免負累；被愛看似承受恩德，實則承受壓力。負累的人悲壯，承受壓力的人委屈；悲壯與委屈相遇，故人間情愛難成正果。除非不仁無心，愛不再悲壯，也沒有委屈；人間情愛，因化解的作用，而得以成全。

這句話的詮釋，引經解經，可得確解。四十九章云：「聖人無常心，以百姓心為心。」「聖人不仁」即「聖人無常心」；「以百姓為芻狗」即「以百姓心為心」，前者是修養的工夫，後者是開顯的境界。故「不仁」，不該是冷酷無情；「芻狗」，從草叢來，回歸草叢去，不當有被拋棄的意涵。

「聖人無常心」，是聖人無掉了自己的執著與堅持；「以百姓心為心」，是聖人的心空了出來，百姓心就是聖人的心了。釐清了下半句，上半句的義理解讀，也就豁然開朗。

整段話可作如是解：天地是無心的，它放開萬物，讓萬物自生自長；聖人是無心的，他放開百姓，讓百姓自在自得。不論天地或聖人，都在「無」了自己中，「有」了萬物、百姓，這是老子「不生之生」的大智慧。

天地之間，其猶橐籥乎！虛而不屈（竭），動而愈出。

天下萬物就在「天地之間」生成長大，此天地生萬物的原理，落在民間的體會理解，就好像橐籥一般。「橐」是舊時打鐵舖的鼓風管，空氣隨鼓風管的伸縮，源源不絕的進入火苗上揚的爐灶，爐火純青，鐵匠鎚打火紅的生鐵，打造出鋤頭、圓鍬、柴刀等用具。「籥」是洞簫、七孔笛等管樂器，竹管中空，竹管上挖了幾個氣孔，吹奏時，不同的氣孔發出不同的音階樂聲，串成一首有節奏、有旋律的樂曲。

此打造農具與吹奏樂章的生成原理，依老子的體會，就在虛無的妙用。「虛而不屈」，「虛」是中空，「屈」唸成「竭」；「橐籥」雖虛而不竭。此不竭盡的妙用，徵驗在「動而愈出」：「動」是鼓動、吹氣，「愈出」是爐火上冒，而樂曲悠揚。鼓風管與七孔笛，中空是「道體沖虛」；「不竭」與「愈出」，則是妙用無窮的展現。

多言數窮，不如守中。

此句則是這一生成作用的人間體悟。「多言」是由有心而有為，既是心知執著，又是人為造作；「數窮」是必窮之數。「數」是人間的定數，此定數牽動福報。世俗民間，碰上災情苦難，無可奈何，總說是冥冥之中，自有定數；實則，此中沒有什麼神祕可說。

扭轉之道，就在從「多言」中，轉向「守中」；「中」是「沖虛」，如同「橐籥」一般，要守著自體的沖虛，在「不竭」中，顯發「愈出」的妙用。反之，若落在「多言」的執著造作中，執著自困，而造作自苦，所以說，「不如守中」。「多言」的自困、自苦，當然遠不如「守中」的自在、自得了。

第6章

谷神不死的生養本根

山谷中空，給出生養花草樹木跟鳥獸蟲魚的空間。

谷神不死，是謂玄牝。玄牝之門，是謂天地根。緜緜若存，用之不勤。

谷神不死，是謂玄牝。

牝者，母也。谷神，是谷中央的無。谷本是有形的，而神是無形的，谷的無形作用叫「谷神」。不死即常在，「谷神不死」，谷中央那個無形作用是常在的。為什麼呢？因為山谷中會有花草樹木成長，而且是四季常青的，生生不已的。但是山谷中為什麼會有花草樹木的生生不息？因為山谷是空的，才有餘地容受那些草木的存在，讓它生長。假如山谷用塵土把自己填滿的話，草木就沒有存在生長的空間了。所以山谷之所以成為山谷，生成花草樹木的生命，那是因為山谷本身是空的，所以山谷中央的「無」叫谷神，谷神不死就是它的生養作用永不止息，這叫「玄牝」。

玄牝是指天地萬物的生養之母。玄代表形而上。人間子女也得靠母親的生養，才能子孫綿延，世代相傳。這個母就是人間的母，是一般的牝，不叫玄牝。玄牝是指天上的母親，玄是講形而上，它用山谷中的「無」，來說道無形的生養作用。人間的母親，不玄，故生養作用不能長久；但這個生養之母，是在形上的層次來說，而不是就萬物的母子關係說。專就天地萬物的總體來說，道做為天地萬物的生成之母，是因為道的「無」，具有玄妙奧藏的作用。「谷神不死，是謂玄牝」，就等於第一章所謂的「有，名萬物之母」。

玄牝之門，是謂天地根。

玄牝就已經是天地萬物的生養之母了，為什麼還要說「玄牝之門」？老子把形而上的道體說為二：「谷神不死，是謂玄牝」，是講「有」；「玄牝之門，是謂天地根」，是講「無」。這個玄牝的生養作用從玄牝之門來，「門」是指所從來的意思，「玄牝之門」，意謂「玄牝」所從來的根源之地。

「有」的「母」從什麼來？從「無」的「始」來。「有」是生養作用，顯然還有生養作用所從來的根源，這個根源是什麼？是「無」。「有」是什麼？相當於儒家的「仁」；「無」是什麼？就是老子的「天地不仁」、「聖人不仁」。他認為有「不仁」的作用，心不執著仁，才能實現仁的德行。「玄牝之門，是謂天地根」，就等於第一章所謂的「無，名天地之始」。

這一章上下文要能通貫下來，一氣呵成，一定要通過道的「有」、「無」兩面相來說，否則谷神不死，已經是玄牝，已經是形而上的生成之母了，哪還有更高一層的玄牝之門呢？豈不變成了形而上上嗎？形而上的道體只能是一，老子卻說成二，它說玄牝就是天地萬物的生成之母，已是形而上的生成作用，怎麼還會有一個比生養之母更高的存在？這在形上學是不可理解的。

緜緜若存，用之不勤。

事實上老子是把形上道體析而為二：天地萬物是從道的生成作用來，再問道如何可能生養萬物？因為它本身是空是無。谷之神就是空就是無，老子用谷神不死來說天地的生養作用，而這個生養作用怎麼可能形成？因為它是「無」才「有」。道是「緜緜若存」的「無」，才有「用之不勤」的「有」。

人是會累的，就是你最喜歡的人，心一起執著，感情即由擔負轉為負擔，那就會累。所以要「緜緜若存」，說有還無，它的作用才能永不衰竭，才會長久。不勞累才會長久，怎麼樣不勞累？就是無心。有心的人都會勞累，儒家就是通過心來承擔萬物百姓，老子發現這樣的話，你會累，怎麼樣才不累呢？「緜緜若存」是無，「用之不勤」是有。緜緜若存，是若有若無，不執著，不滯陷，用之不勤即用之不勞，大用流行而永不勞累。

我們經常會被責任、愛心壓垮，有些人也會在我們的愛心中被扭曲了。我對他的寄望很高，對他的期許很大，讓他承受壓力，這樣的話，對他來說就很累；不如我把你忘了，你把我忘了，就不會互相牽累，這叫無，叫放開。天地不仁、聖人不仁，就是無心相忘。彼此緜緜若存，就可以大家用之不勤了，因為緜緜不勞累，才能其用長久。

第7章

天長地久的無我成全

天地沒有自己，才可能長久的生萬物。

天長地久。天地所以能長且久者，以其不自生，故能長生。是以聖人後其身而身先，外其身而身存。非以其無私耶，故能成其私。

天長地久。

此意謂天地生成萬物的作用，是永不停息的。「天地」在《道德經》之不同語文脈絡中，一者與萬物連結一起說，如「無，名天地之始；有，名萬物之母。」（一章）此言道體的「無」，可以做為天地萬物的根源之始，道體的「有」，可以做為天地萬物的生成之母，天地是總稱，萬物是散說，皆屬現象層次。二者象徵道體的生成作用，如「天地不仁，以萬物為芻狗。」（五章）此言天地無心，放開萬物，讓萬物自生自長。此天地超越萬物之上，做為萬物的生成原理。天地屬本體界，萬物屬現象界，故二者層次不同。此章說天地長久，當然就本體界說，因為現象界皆在變化流轉中。

天地所以能長且久者，以其不自生，故能長生。

此從天長地久的論定，再進一步問，天地所以能長久的理由何在？「所以」的「以」，一者當「用」解，二者當「因」解，此非現象因果的串連，而是問天地自身能夠長久的理由何在，或根據何在，此根據是超越根據，說的是生成原理。故「長生」不是指涉天地本身的長久，而是說天地長久的生萬物，此生成原理何在？答案在「以其不自生」，「以」當「因」解，「其」指天地，只因為天地不自生，「自」是天地本身，不把「生」封限在自身。「長生」是道體的「有」，「不自生」是道體的「無」，天地象徵道體的生成原理，原理就在天地沒有自己，不自外於萬物，不封限自己，而與萬物同在，才可能給出生長的空間，長久的生萬物。此「不自生」，如「上善若水」的「幾於道」，因為水沒有自己，才可能長久的往下流，「處眾人之所惡」，在體現道中生萬物。

是以聖人後其身而身先，外其身而身存。

此由天地生萬物的原理，再落實人間，說聖人生百姓的原理。且天地能長久的生萬物，聖人也要能長久的生百姓。依老子的體會，生成原理在「不自生」的「無」，而生發「長生」的「有」。聖人「後其身而身先」，是把自身放在最後面，卻可以有自身反而在最前面的妙用，聖人「外其身而身存」，是把自身放在最外圍，卻可以有自身反而在最內裡的妙用。這一說法，顯然通不過經驗的檢證。搭公車時，你排在隊伍的最後面，後其身未見身先，一定身後；兩軍對陣，站在最外圍的人，等同衝上第一線，外其身未見身存，一定身不存。故聖人生百姓的價值觀點，來解讀這一句話，聖人把自身放在最後面，那就是百姓都在被照顧的前頭，聖人把自身放在最外圍，那就是百姓都在被保護的內裡。此百姓身先，百姓身存，百姓得到照顧與保護，百姓身先等同聖人身先，百姓身存等同聖人身存。故聖人生成百姓的原理，就在「後其身」、「外其身」的「無」，實現了「身先」、「身存」的「有」，人間價值的「有」，生於聖人修養的「無」。此聖人的「後其身」、「外其身」，就是天地的「不自生」，聖人的「身先」、「身存」，也就是天地的「長生」了。

非以其無私邪，故能成其私。

「私」依上下文的語文脈絡來看，就是「不自生」的「自」，與「後其身」、「外其身」的「身」，合而言之，「私」指自身而言，而非與「大公」相對的「自私」，否則，以因果關係來解讀，「無私」是為了「成其私」，「無私」僅是偽裝或做秀，「成其私」才是目的，那老子思想不就難逃權謀家的封號嗎？就因為天地無私，聖人無私，天地沒有自己，聖人沒有自己，此沒有自己的「無」，是修行的字眼，天地自我解消，聖人也自我解消，故「成其私」是「無私」之修養工夫所開顯的境界。此「成其私」是完成了天地之所以為天地，聖人之所以為聖人的生成作用。

縱觀全章，從天地的「不自生」，故「能長生」，到聖人的「後其身而身先」、「外其身而身存」，而總結在世俗說法的「以其無私，故能成其私」，都是對形上道體之體會體驗，而體證體現的修養進程，而不是落在權謀算計的現實思考。

第8章

上善若水的處下不爭

水在最卑下的地方，做最高貴的事業。

上善若水。水善利萬物而不爭。處眾人之所惡，故幾於道。居善地，心善淵，與善仁，言善信，正善治，事善能，動善時。夫唯不爭，故無尤。

上善若水。

上善之人的生命人格，就像水一般，此以「若水」來說「上善」，就道家而言，無心自然為善，故上善之人，指涉的內涵，端在最無心而自然的人。依道家的體會，「水」正是無心而自然的精神表徵。

水善利萬物而不爭。

水的存在，可以潤澤萬物，何只潤澤，根本就是生成。沒有水分，萬物就乾枯而死，故云水利萬物。那「善」在何處？在水利萬物而不與萬物爭。水之善在水無心，儘管水利萬物，卻不放在心上，有如「功成而弗居」（二章），「功成」在「利萬物」，「弗居」即「無心」，不居功也就不爭了。「爭」的依據就在「功成」，既「弗居」也就可以放下，而不與萬物爭了。故水利萬物的「善」，就在不爭。

處眾人之所惡，故幾於道。

水性就下，水自然的往下流，而處在眾人所厭惡的低下卑微之地。孔門弟子子貢就說：「紂之不善，不如是之甚也；是以君子惡居下流，天下之惡皆歸焉！」（《論語・子張篇》）普天之下的每一個人，都力爭上游，而不願處在下流之地，因為所有的塵垢汙染，都往下游滙集，商紂王就是一個最好的例子，幾乎千古的罵名都集於他一身，實則他並沒有壞到如此不堪的地步！

問題在，何以「處眾人之所惡」，就可以「幾於道」？「幾」當「近」解，幾於道即近於道，近於道的生成作用，「道」沒有自己，給出萬物成長的空間。就如同「天地不仁」，不仁無心，放開萬物，讓萬物自生自長，「水」也沒有自己，無心自然的往下流，就在最低下的地方，同時滋潤萬物，也生成萬物。「處眾人之所惡」，是「無」；「生成萬物」，則是「有」，水又無又有，不就是道的玄德嗎？所以說「幾於道」。

水無心，不知自己往下流，所以不會有委屈感，也不會逼出悲壯感，所以不會抗議天下人對我不公平，也不會逃離自己的水性下流。就因為無心不知，無分別也不計較，才可能永遠的往下流，也永遠的生萬物。也就是「以其不自生，故能長生」（七章）。水就在最卑微之地，做最高貴的事業。莊子以「每下愈況」來解說「道」的「無所不在」，說在螻蟻，在稊稗，在屎溺，在越卑下的地方，越能顯現道的高貴。（《莊子・知北遊》）水一如道，高貴就在生成萬物，不因為它是卑下，而是它承擔卑下。

居善地，心善淵，與善仁，言善信，正善治，事善能，動善時。

上善若水，因為「幾於道」，人生要走「上善」而「幾於道」的路，而「善」在無心自然，所以要居處於自然無為之地，心守於自然無為之淵，與人於自然無為之仁，言語於自然無為之信，為政（政者，正也）於自然無為之治，事盡於自然無為之能，動宜於自然無為之時。此言上善之人的人格行誼，不論居處、心思、待人、言語、為政、處事、行動，均能無心自然，沒有執著，也沒有負累，放下自己，而與世無爭，在「不自生」中，長久生萬物，這樣的道行，不就在人間體現「道」了嗎？

夫唯不爭，故無尤。

就因為不跟萬物爭，所以萬物也就無怨尤。人間恩怨交錯，愛恨糾纏，就在用最高貴的愛，跟自己所愛的人爭，看誰比較愛誰，看誰比較辜負誰，「愛」成了「爭」的利器，此所以人間相愛的人，彼此傷害最深。不執著，愛不會成了自我的負累，也不會造成對方的壓力，傷痛就此遠離，何只無怨尤，根本就可以修成正果了。

第9章

功遂身退的天道自然

滿堂金玉守不住，銳利傲氣保不了。

持而盈之，不如其已；揣而銳之，不可長保。金玉滿堂，莫之能守；富貴而驕，自遺其咎。功遂身退，天之道。

持而盈之，不如其已；揣而銳之，不可長保。

持有而滿溢，氾濫出來，不如放手停下來。你去持有什麼名利，掌握什麼權勢，而讓它滿溢且氾濫的話，不如讓它止息。揣是錘鍊、敲打的意思，銳是銳利。你不斷錘打，使它尖銳，是不可能保存長久的。所以一定要「挫其銳」，因為銳利鋒芒是保不住自己的。

金玉滿堂，莫之能守；富貴而驕，自遺其咎。

為什麼「持而盈之，不如其已」？因為「金玉滿堂，莫之能守」。持而盈之，就是金玉滿堂；不如其已的理由，就在莫之能守。「驕」是傲慢，「咎」是災害，驕就在它的銳利鋒芒；「富貴而驕」，就是「揣而銳之」。何以謂「自遺其咎」，就因為它會帶來「不可長保」的後果。

功遂身退，天之道。

天道是就兩層說的，一方面它要功遂，一方面它要身退，而天道就是「有」跟

「無」的「玄」，既是化解作用的「無」，又是作用保存的「有」。天之道功遂而身退，所以它不會金玉滿堂，不會富貴而驕；它持有而不會盈滿，它錘打自己但不會銳利，功遂即身退。一般人功遂即居功，而且要高人一等，且要代代相傳，所以莫之能守，所以自遺其咎。功遂身退就是功成而弗居，身退所以功遂，本來是功遂才身退，功成才弗居，道家一轉，變成「身退」才「功遂」，所以「無」的根源意義立即凸顯出來。人生修養是功遂就身退，形上玄理是你身退才功遂，弗居了才功成。「無」本是化解洗淨的作用，一轉而成形上的實現原理。本來「有」是「體」，「無」是「用」，「無」的作用成全「有」，這叫作用的保存。老子即用以為體，「無」反而是「體」，「有」才是「用」。

在德行實踐上，是生了才不有，老子的形上思考一轉而為「不有」才生，所以「無」的層次比「有」高。弗居所以功成，「夫唯弗居，是以不去」，不去是功不去，功長在，所以「無」本來是化掉「有」的執著，已經「有」了，說「無」才有意義。我功成了，我把它忘了，我擔負，又把它放開了，從放開說成全，這是人生修養往形上智慧的翻越。老子的形上玄思，就在因為弗居，功才不去，「無」往上升，成為形上道「體」，「有」轉成它的「用」。

所以老子的智慧，在透顯讓「有」成為「有」，讓「功」成為「功」的形上原理；老子發現「無」了才「有」，弗居了才功成，身退了才功遂。所以「無」比「有」更根本，「無」才是「體」，「有」轉成「用」，「有」已存在了，才要把它消化掉，擔負才要消解。通過「無」的化解，「有」才真正成為「有」，通過「不仁」的放開，聖人才真正成為聖人，天地才真正成為天地。天地生萬物，如何生？「生而不有」，因為不有，所以能生，以不有的方式去生，天地不能據萬物為己有；若天地據萬物為己有的時候，就沒有生萬物；沒有生萬物，天地就不是天地。天地放開萬物，讓萬物自生自長，天地才是天地。弗居身退才是根本，而功成、功遂是通過「無」所實現的「有」。由此吾人可說，「不仁」了才「仁」，儒家的「仁」，還有待道家的「不仁」來化解，才得成全，所以吾人可以說道家思想是儒家實現原理的實現原理。

第10章

生而不有的天道玄德

洗滌心的塵垢，回歸氣的自然。

載營魄抱一，能無離乎；專氣致柔，能嬰兒乎；滌除玄覽，能無疵乎。愛民治國，能無知乎；天門開闔，能為雌乎；明白四達，能無為乎。生之畜之，生而不有，為而不恃，長而不宰，是謂玄德。

載營魄抱一，能無離乎？

此句言此身載有魂魄，《河上本》云：「營魄，魂魄也。」陽為魂，陰為魄，魄附形，而魂附氣，魄為形體的功能，魂為精氣的作用，故在陽魂陰魄之外，又說靈魂氣魄。台灣鄉土說人的形軀生命是三魂七魄，說生命流落是失魂落魄，又說生命的死亡是魂飛魄散：凡此皆謂此身載有魂魄。問題在，形身魂魄之上，另有天生本真的「德」，「抱一」就「道生一」〈四十二章〉而言，是「道」的「有」；就「道生之，德畜之」〈五十一章〉而言，是道內在於萬物的「德」，「一」是「道」的「有」，也是道內在於人的「德」，故「抱一」是「抱德」。高亨云：「一謂身也，抱一猶云守身也。」此說顯然失落了存有論意義的「一」之「德」。

人生的問題，就出在載有魂魄的形身，失落了天生本真的「德」，故曰：「能無離乎！」說是失魂落魄，實則是載有魂魄的此身，失落了天真本「德」。人若離德失真，等同流落江湖，浪跡人間。因為失落了本德天真，魂魄的功能作用，欠缺價值的內涵撐持，整個生命氣象完全衰敗，看似失了魂也落了魄。老子云：「復歸於嬰兒。」〈二十八章〉嬰兒天真，故「復歸於嬰兒」就是「抱一」，「能無離乎」是不讓載有魂魄的此身，與天生本真的「德」分離。因為身與德分離，生命已失落價值美好，靈魂氣魄也就茫昧而無所歸了。

專氣致柔，能嬰兒乎？

陽魂陰魄皆屬形氣之身，問題在，魂魄形氣能回抱本德天真嗎？而不與天真本德的「一」分離嗎？此「能無離」的關鍵在「心」。

「專氣」是專一此魂魄之氣，「致柔」是獲致生命的柔和平靜。何以要專一此形身之氣，理由在「心使氣曰強」〈五十五章〉的真切省思，「心使氣」是心知執著氣，也任使氣，執著氣是心知的執著，任使氣是人為的造作，心知鼓動氣而往剛強的路上推進，故又云：「強行者有志。」〈三十三章〉「有志」是一分由執著而來的意志堅持，那就使氣強行，永難回頭了。所以，一者要「虛其心」，二者要「弱其志」〈三章〉，虛掉心知而削弱意志，心知退出而不使氣，意志消解而不強行，那麼「氣」就可以回歸氣的本身，氣只是氣，在無心自然中，而有一體的和諧。

「專氣」是對心知的介入與干擾而言，心知不使氣是謂「專氣」，意志不強行，是為「致柔」。「能嬰兒乎」，是能夠像嬰兒一樣柔和嗎？「能嬰兒乎」與「能無離乎」前後呼應。無離天真本德，也就是天真如嬰兒了。此李宏甫云：「夫嬰兒百無一知也，而其氣至專；百無一能也，而其氣至柔。專氣致柔，能如嬰兒，則可謂抱一矣。」此從無知說專氣，見解切當。《莊子・人間世》言「心齋」工夫，在「無聽之以心，而聽之以氣」，「無聽之以心」是心知退出，「而聽之以氣」則是「專氣」，而「專氣致柔」，也就是「氣也者，虛而待物者也」之意。「虛而待」是無待，心無待於外，生命之氣得到釋放，就可與萬物一體逍遙了。

滌除玄覽，能無疵乎？

「滌」是「洗滌」，「除」是「清除」。洗滌塵垢，而清除污染。人生是人物走在人間，人物有形氣物欲，人間有名利權勢，人生困苦就在心知介入而人為扭曲，「才」因心知介入而成「優越感」，「氣」因人為扭曲而為「英雄氣」，而名利心迫使生命陷溺，權力欲逼出人格腐化，心知執著的塵垢，帶來生命陷溺的污染，所以亟需洗滌清除。

解消心知的執著，則心回歸心的虛靜，化掉人為的造作，則氣也回歸氣的柔和。從平心說靜氣，從心平說氣和，心平是心靈無塵垢，氣和是生命無污染，心「致虛」而不執著，氣「守靜」而不造作，此又無又有的體道工夫，是生成原理。「滌除玄覽」，高亨注云：「覽，讀為鑒，覽、鑒古通用。」鑒是鑒照，此聖人滌除心知的工夫修養，而顯發的虛靜明照，有如道體玄鑒，是形而上之由觀照而照現的生成作用。「能無疵乎」，《說文》：「疵，病也。」此病痛在心知執著的「困」，會帶來人為造作的「苦」，故這句話的意涵是，人生能洗滌塵垢清除污染，以開顯道心玄鑒的觀照作用，而讓生命免於困苦病痛嗎？

這三句話說的是內聖的修養。第一句說的是大原則，問乘載魂魄的此身，能回抱天真本德，而不分離嗎？第二句問能讓心知退出，而回歸氣本身的柔和，如同嬰兒般的自在天真嗎？第三句問能滌除心知塵垢與生命污染，像道體玄鑒般讓生命免於病痛嗎？第一句話揭示「抱一」的旨標，第二句開出「專氣」的藥方，第三句則導引「滌除」的工夫。一體統貫，而理序分明。

愛民治國，能無知乎？

此章前三句說內聖修養，後三句則說外王事業。

外王相對於內聖而言。「王」是平治天下，唯平治天下者，可稱為「聖」。聖一定得王天下，故聖王連言。而王者不一定是聖，身為王而無聖人之德，必混亂天下。說外王，就離不開「愛民」與「治國」；問題在，愛民可能有心，治國不免有為。就道家而言，內聖在無心無知，外王在無為無事。而無為無事，本在無心無知。

「抱一」在「抱德」，而抱德在無心天真；「專氣」在心不使氣，亦即心知退出。此由「無心」而「無知」，洗滌塵垢清除污染，就在消解心知的執著，故綜合前三句的內聖修養，歸結在「無知」。

「能無知乎」，俞樾云：「唐景龍碑作『愛民治國能無為』，其義勝，當從之。」看上下語文脈絡，《王弼注》本作「無知乎」，反而更切當。因為「無知」本在「無心」；而「無為」亦由「無知」而來。故「無知」上承「無心」，下開「無為」，豈非更顯豁老君之無為治道？若上下兩句之「無知」、「無為」，更動互易，那「明白四達，能無知乎」，反成不可解，因為「明」是虛靜明照，此心靈虛靜本來就涵蘊「無知」，還要說「能無知乎」嗎？豈非上下文一語重覆，而純屬多餘？

聖人愛民治國，愛民在「行不言之教」，治國在「處無為之事」〈三章〉，聖人要行教人間，而所行的是不言之教；聖人要處天下事，而所處的是無為之事。言為心聲，故行不言之教，是行無心之教；而處無為之事，不是什麼事都不為，而是無心自然的為。故云：「為無為，則無不治。」所為的是無為，而無為是無心的為，聖人沒有自己的心，百姓的心就是他的心，重點不在聖人想要如何，而在百姓想要什麼。當天下百姓都活出自己，不就是天下大治了嗎？「無心」是無掉自身心知的執著，所謂「無心」，當落在「無知」說，故云：聖人愛民治國，能無掉自己心知的執著嗎？

天門開闔，能為雌乎？

《王弼注》云：「天門，謂天下之所由從也，開闔，治亂之際也。雌應而不倡，因而不為，言天門開闔，能為雌乎，則物自賓而處自安矣。」此注精到，依注文，將「能無雌乎」改為「能為雌乎」。「為雌」即「守其雌」〈二十八章〉之謂。「雄」剛強有為，「雌」則柔弱無為，僅回應而不倡導，順任（因）而不造作，在天下治亂的關鍵時刻，政治領導人要穩重守靜，而不可輕舉妄動。靜以待變，讓問題沉澱，而情勢顯豁，也讓天下百姓自己接待自己（所謂自賓），而有賓至如歸的自在美好。此言聖人以智慧化解情勢的複雜，與問題的艱困，而為天下留下休養生息的空間，並保住整個時代的命脈。

明白四達，能無為乎？

「明」指涉的是「心」的清明如鏡，而鏡照天下萬物，「白」當動詞用，心虛靜清明，而生發它光照的作用。「四達」是遍照人間的每一角落。道家的生成原理，就在照現天下中生成天下。故「明白四達」，等同平治天下，「能無為乎」，能夠由無心而無為嗎？無心無知的愛民，無為無事的治國，百姓抱一專氣，聖人玄鑒明白，儘管在天門開闔的時代動變之際，也能生成天下。

生之畜之，生而不有，為而不恃，長而不宰，是謂玄德。

「生之畜之」，「畜」是「養」，「之」指涉的是百姓，在生養百姓中生成天下。「玄鑒」是內聖的修養，「玄德」則是外王的事業。前者「明白四達」，後者照現生成，而本在心靈虛靜。

「生而不有」，是生下他而不以為己有，「為而不恃」，是為他做了一切而不恃為己恩，「長而不宰」，是養成他而不以己為主宰。世俗的德，德行總求福報，天道玄德，因道體沖虛無心，故德行不求福報，故加上一個「不」，不求福報，才是純正的德行。「夫唯弗居，是以不去」〈二章〉，聖人不居功，反而功成長在。「不有」才是真正的「生下」他，「不恃」才是真正為他做了一切，「不宰」才是真正的養成他。聖人「無」了自己，才「有」了百姓，「無」是修養的字眼，「有」是生成，既「無」且「有」是「玄」德，由「玄」而「妙」是生成原理，故天道生萬物，而聖人生百姓，皆謂「玄德」。

統貫全章，內聖外王之道，就在由「玄鑒」道心開顯「玄德」道行，而生成天下百姓。

第11章

有利無用的人間妙道

「有」的實利從「無」的虛用來。

三十輻共一轂，當其無，有車之用。埏埴以為器，當其無，有器之用。鑿戶牖以為室，當其無，有室之用。故有之以為利，無之以為用。

三十輻共一轂，當其無，有車之用。

「輻」是「輪之輮也」，「轂」是「輪之心也」，此言車輪的結構，是三十根「輪之輮」，從車輪周邊往「輪之心」湊集，車輪因整體均衡而穩定成形。車輛載運人物的用，要靠兩輪同時轉動並進。而兩輪所以能同時轉動並進，原理在輪心中空，可以容受車軸插進其中，馬力啟動，兩輪中間的橫向車軸，就可以帶動雙輪並進。此之謂「當其無，有車之用」，「其」指車輪，「無」在輪心中空，「當其無」，就因為這一中空的「無」，「有車之用」是成就了車輛可以載運人貨的作用。

埏埴以為器，當其無，有器之用。

此《河上本》注云：「埏，和也；埴，土也。和土以為飲食之器。」此「埏」當動詞用，做「揉捻」解；「埴」是黏土。「埏埴以為器」整句讀下來，是以水和土，揉捻捏陶，做成茶壺或茶碗等茶具，器物自有器用；而陶器之所以能成其器用，就在陶器中空，才能沖泡茶湯。「當其無，有器之用」，「無」在中空，就因為茶壺茶碗中間預留「無」的空間，才能有出用以喫茶的作用。

鑿戶牖以為室，當其無，有室之用。

「戶」是門戶，「牖」是窗牖，開鑿門窗，讓陽光透入，空氣流通，預留進出的門路，以做成居室。「當其無，有室之用」，「無」在中空，就因為居室中空，沒有被建材水泥塞滿，才能有出居室住家的作用。

此三段的表述形式與義理內涵，幾無分別。從家居日用的生活經驗，去觀察省思，而找到了車輛、陶器、居室之成其物用的共同理則，就在「無」的空間。此由三者歸納而得的普遍原理，就在「有之以為利，無之以為用」。

故有之以為利，無之以為用。

此意謂「以有之為利，以無之為用」，「有之」，指涉的是「有車之用」、「有器之用」與「有室之用」，故「利」在器物顯發的實用；「無之」，指涉的是「當其無」的預留空間，故「用」在生成器物實利的虛無妙用。牟宗三先生以「有限的定用」說「利」；再以「無限的妙用」說「用」，整句解讀下來，是「有限的定用」，乃從「無限的妙用」來，此「有之利」乃從「無之用」而來，正是老子「有生於無」之形上原理的人間說解。

第二章有云：「功成而弗居。夫唯弗居，是以不去。」「功成」在「有之以為利」，「弗居」在「無之以為用」，「夫唯弗居，是以不去」，則是「有之以為利」乃從「無之以為用」而來，故已由家常日用的現象觀察，而悟入「有生於無」的形上原理。

再以「金玉滿堂，莫之能守；富貴而驕，自遺其咎」（九章）為例，滿堂金玉與權貴傲氣，是「有之以為利」，問題在，不僅持守不住，且帶來災難，所以要「不如其已」，以「無之以為用」來化解天下人的不平怨氣。此「功成身退」的修養智慧，也就是道體本身是「無」的人間體現了。

總說，「有之」帶來實利，然總要「無之」的「虛用」，來做為「實利」的背後支撐，也就是以「無」的虛用，來成全「有」的實利。

第12章

五色目盲的人為造作

痴迷熱狂的奔競爭逐，無不以冷酷獵殺收場。

五色令人目盲，五音令人耳聾，五味令人口爽。馳騁畋獵，令人心發狂；難得之貨，令人行妨。是以，聖人為腹不為目，故去彼取此。

五色令人目盲，五音令人耳聾，五味令人口爽。

此言人為造作的五色、五音、五味，會讓人失去天生自然的本能官覺。目為之盲，耳為之聾，口為之爽，「爽」，王弼注云：「差失也」，當「失」解，「口爽」是失去本來的味覺。

就天生本能的官覺而言，目是用來看五色，耳是用來聽五音，口是用來品五味的，怎麼會翻轉顛倒說，五色會讓人目盲，五音會讓人耳聾，五味會讓人口爽呢？就天生自然的官能本身來說，視覺越看會越清明，聽覺越聽會越聰敏，味覺越吃會越爽利才合理，怎會適得其反，痛失本能官覺呢？

故五色、五音、五味的「五」，不可能指天然本色，天籟真音，與土生原味而言，而是指心知執著與人為造作的假相、幻音與變味而言，此走離天生自然的本色、真音與原味，而以人為加工，利用現代科技，製造聲光音效，給出迷離幻覺，甚至爆破性的震撼，來炒熱氣氛，「駭」到最高點。烹調重口味，如麻辣鍋，說是挑動味蕾，實則過度刺激，迫使官覺由遲鈍而衰退，再由衰退而麻木，麻木更需刺激，刺激就更麻木，最後失去感覺。由此說目盲、耳聾與口爽。

現代人在失去感覺之下，製造感覺，吸食毒品、呑白板以悟空，吸大麻以迷幻，還有安非他命，都說安他，實則非命，此為當代街頭人為造作之最，何只失去官覺，根本是存在的迷失與價值的失落。

馳騁畋獵，令人心發狂；難得之貨，令人行妨。

「馳騁」是衝上街頭打天下，爭逐名利，更奔競權勢。所謂「難得之貨」，當指名利權勢而言，何以說是「難得」，因為大家都想逐鹿問鼎，面對激烈的競爭，只好各憑手段，最後以「畋獵」收場。此不是獵殺飛禽走獸，而是獵殺人頭，「令人行妨」是妨害人生的日常之行。

此從家居日常之五色、五音、五味的執著造作，變質而為名利權勢之難得之貨的痴迷熱狂，生命的病痛也由生理官能的目盲、耳聾、口爽，惡化而為精神官能的「心發狂」。生命由執著、痴迷，衝向熱狂，最後歸於冷酷，冷酷無情獵殺，何只人間成了戰場，心靈也是戰場。人性在此因扭曲而沉落，人不是人，心也不是心了。既傷了天下，也害了自己，人間再無乾淨土，生命也失去心靈的最後底據。

是以，聖人為腹不為目，故去彼取此。

「是以」是因此，聖人生百姓之道，就在「為腹不為目」，「腹」指內在本有的真實，「目」是外在流轉的聲色，「為腹」是回歸自我的天真樸實，「為目」是追逐外在的聲名貨利。此第三章云：「虛其心，實其腹；弱其志，強其骨。」解消心知的執著與意志的造作，而回歸生命自我的真實美好，心志操控總流於虛幻而脆弱，腹骨自然卻真實而堅強。所以，聖人治理天下，要去「為目」的「彼」，而取「為腹」的「此」，在虛心弱志中，「常使民無知無欲，使夫智者不敢為也」（三章），普天之下的每一個人，皆無心無知，無為無欲，天下還有不平治的嗎？

第13章

寵辱若驚的貴身大患

想得到天下恩寵的本身，就是一生絕大的屈辱。

寵辱若驚，貴大患若身。何謂寵辱若驚？寵為下，得之若驚，失之若驚，是謂寵辱若驚。何謂貴大患若身？吾所以有大患者，為吾有身；及吾無身，吾有何患？故貴以身為天下，若可寄天下；愛以身為天下，若可託天下。

寵辱若驚，貴大患若身。

「寵」是恩寵，「辱」是屈辱，「驚」是驚恐，「若驚」是皆驚之意，人生在世，是得到榮寵，還是承受羞辱，皆由外在決定，所以帶給自身的總是驚恐。「貴大患若身」，當是「貴身若大患」，為了壓韻，而上下做了調整，「貴身」是高貴自己，「若大患」是等同大患，因為，「貴身」要往天下尋求，希望天下的恩寵集於我身，而天下是天下人的天下，你要的名利權勢，別人也想要，此之謂打天下。打天下即面對天下人的競爭，也就背負了天下人的壓力，而這樣的患累，是永遠不會止息的，所以說是大患。故看似兩句話各自表述，實則牽連在一起，貴身尋求恩寵，而恩寵帶來驚恐，驚恐也就是大患了。

何謂寵辱若驚？寵為下，得之若驚，失之若驚，是謂寵辱若驚。

首段標示兩大主題，底下則分別說理。「何謂」是「怎麼說」，也就是要如何證成此說成立。理由就在「寵為下」，意謂想要得到天下人恩寵的本身，就是自身絕大的屈辱，因為自己挺立不住，往外求取攀緣，甚至投靠權貴，對自我的尊嚴榮耀，是嚴重的傷損，所以說人格的卑下。有人困惑不解，隨己意妄改經文，說是「寵為上，辱為下」，那「寵辱若驚」要如何理解？「得之若驚，失之若驚」，求取恩寵榮耀，只有兩個可能，一是得，一是失，而得失在人不在我。既不是我所能決定，任何結果都無可避免的帶來生命的驚恐。故得失皆驚恐，驚恐等同屈辱，所以說想得到天下人恩寵的本身，就是卑下。由此證成「寵辱若驚」之說，理上可以成立。

何謂貴大患若身？吾所以有大患者，為吾有身；及吾無身，吾有何患？

「何謂」意謂要如何證成此說，貴身就是大患的理由何在？「吾所以有大患者」，「以」當「因」解，指生命自我所以會有「大患」的理由，「為吾有身」，就因為我「有身」，有身不是說我有形體的拘限，而是說我的心知執著了自我，也背負了自我，要高貴自己，也要富麗自己，高貴靠權勢，富麗靠名利，名利權勢在人間街頭，也就逼自己去打天下，而天下如此之大，天下人如此之多，豈不是成為自身最大的負累跟壓力嗎？「及吾無身，吾有何患」，等到那一天，「無身」不是說我不要此身或失去自身，而是說我的心知解消了對自身的執著，不自我中心，也不自我膨脹，不求自身的高貴與富麗，也不用去打天下，不受權勢的羈絆，與名利的牽引，放下不就自得了嗎？所以說吾有何患？由此證成「貴大患若身」之說，理上可以成立。

故貴以身為天下，若可寄天下；愛以身為天下，若可託天下。

此章皆以自我與天下做出對比，因為人生就是自我活在天下，貴身是自我，大患在天下，問題在，天下的貴、天下的愛是靠不住的，甚至是帶來屈辱，而難逃卑下的自我批判。「貴以身為天下」、「愛以身為天下」，即「以身為貴於天下」、「以身為愛於天下」，意謂以為自身比天下還高貴，以為自身比天下還可愛；「若可寄天下」、「若可託天下」，《莊子・在宥篇》引此文「若」作「則」，上下文貫通求解，自身既比天下還高貴還可愛，意即天下對自身而言，是多餘的，是不必要的負累。像這樣不要天下，不要名利權勢的人，就可以將天下的重任寄託在他的身上了。

原來，一個不要天下的人，才可以擔負天下的重任。若為了高貴自身，往天下求取名利權勢的人，自身背負大患，承受屈辱之餘，惟恐他在打天下中，傷害了天下。因為他會以天下為舞台，以天下人為道具，演出一場他自身的獨角大戲，進而宰制天下。由是而言，真正的貴身，真正的愛身，是回歸自我，活出天真的人。

第14章

執古御今的古始道紀

通過耳目官能，永遠問不到道體是什麼的究竟解答。

視之不見名曰夷，聽之不聞名曰希，搏之不得名曰微，此三者不可致詰，故混而為一。其上不皦，其下不昧，繩繩不可名，復歸於無物。是謂無狀之狀，無物之象，是謂惚恍。迎之不見其首，隨之不見其後。執古之道，以御今之有；能知古始，是謂道紀。

視之不見名曰夷，聽之不聞名曰希，搏之不得名曰微，此三者不可致詰，故混而為一。

「搏」為觸覺，通過目視、耳聽、手觸，都不能捕捉道，都不能感受道。通過官覺，不能感受它的存在，這就是說道不是一個感覺的對象，因為官覺的對象是一個有形客觀的存在。有形的物，才可以用我們的官覺去看它聽它碰觸它。這三句話即說不能通過官覺的印象去捕捉它，道不是我們感官認知的對象。「致詰」即探問它的究竟，你不能通過這三條進路，去探問它的究竟，這是不能通向道的。因為道是混然一體，道是超越的，道沒有時空相；它不是在時間、空間座標裡的某一個物體。

其上不皦，其下不昧，繩繩不可名，復歸於無物。是謂無狀之狀，無物之象，是謂惚恍。

「其上不皦，其下不昧」，意謂道沒有上下之分的，因為其上也不會光明一點，其下也不會昏暗一點；它的上面不會特顯光亮，它的下面也不會特顯昏昧；意謂道是混然一體，無上下之分。假如它有上下之分，那我們便可以通過我們的感官去分別出來，視之可見，聽之可聞，搏之可得了。

繩的初文是玄，繩繩是玄玄，玄之又玄是指道的作用，叫圓成作用。它既是無又是有，所以叫玄。光「無」不玄，光「有」也不玄；它同時是有也是無，才說它玄；同時是無又是有。如此，無而不無，有而不有，是無而有，是有而無，這才玄妙。「玄玄不可名」，是道的生成作用，是無形的妙用，所以是無可名狀。「復歸於無物」，道的生成作用，是帶著萬物回歸它自身看似什麼都不是的一體無別中。心有物就有事，就有負擔；心無物就無事，就平靜和諧。那個道的無形而不可知的生成作用，是帶著萬物回到它自然的平靜和諧中。它本來就混然一體，不顯上下、前後、古今之分。

平靜和諧的靜，叫風平浪靜，也就是無物；有物的話就有波浪，驚濤駭浪。所以道的無形不可知的作用，是帶著萬物回歸到道自身什麼都沒有的平靜和諧中，是謂「無狀之狀，無物之象」。無狀無物就「無」說，之狀之象就「有」說。不要認為它只無，它也是有；道體雖「繩繩不可名，復歸於無物」，而一切生命就從這裡面實現出來。在無狀中有狀，在無物中有象，在平靜和諧中，一切生命都實現出來。無形的道會實現一切，在惚恍的生成作用之中，就道的作用來顯道體，道的作用可以實現有狀有象的萬物，由此說道體是存在的。此試圖對道體描述，但它不是感官的對象，如何描述？就它的生成作用來描述，所以才會說它是無狀之狀，無物之象，是無中的有。說它玄玄不可名狀，說它惚恍。惚恍是不能確定，確定就有定形。即道的作用來顯它的體，通過道的生成作用，來顯現道的形上實體。

迎之不見其首，隨之不見其後。執古之道，以御今之有：能知古始，是謂道紀。

「迎之不見其首，隨之不見其後」，意謂它沒有前後之分；「執古之道，以御今之有，能知古始，是謂道紀」，執持古之道，就可以控御今之有，這是無古今之分，所以道是無上下、無前後、無古今的。上下前後是空間，古今是時間，所以它沒有時空相，沒有時間和空間的差別相。因為它不是時空中的某一物，道是超越的形上本體，混然一體，你是不能通過感官去捕捉它。僅能通過修養去體現開顯道，而不是通過感官去定住它的存在。

道貫古今，在儒家來說是人文道統；在老子來說是亙古以來的自然常道，你不必統，它自然統。儒家的統，一定要通過人文開展下來；道家不用，因為它是天地自然的常道，無分古今，千古長存的。儒家的道統是通過中國人一代一代傳下來的人文傳統，道家只要你回歸自然，道就在那個地方統貫一切。

能知自古以來的自然常道，像「日出而作，日入而息，鑿井而飲，耕田而食」，也就是人生的軌道律則了。所謂歷史文化、人文傳統的存在，對道家而言沒有多大意義。古之有即今之有，古之道即今之道，千古長在，且千古如一，所以能知古始就可以統御今之有，因為道貫古今啊！不是人文傳承的統貫，而是天地自然的理序軌道。

第15章

微妙玄通的保道新成

體道之士的生命人格，是深遠不可知的玄妙。

古之善為士者，微妙玄通，深不可識。夫唯不可識，故強為之容。豫兮若冬涉川，猶兮若畏四鄰；儼兮其若客，渙兮若冰之將釋。敦兮其若樸，曠兮其若谷，混兮其若濁。孰能濁以靜之徐清？孰能安以動之徐生？保此道者不欲盈；夫唯不盈，故能蔽而新成。

古之善為士者，微妙玄通，深不可識。

「古之善為士者」，善就道家說，是自然無為，一個自然無為的體道之士，體現天道的修行者，他的人格就是「微妙玄通，深不可識」，他的生命就像道一般的深厚，深厚不可知，難以描述。怎麼說？微是無，微而後妙，是無了才妙，一個人能夠放開名利，生命就有妙境。不無不能妙，因為「執」就「著」，執著就滯限，執著怎麼可能有妙用呢？放開就妙，空而後靈，靈即妙，所以無而後能妙；妙是有，有無一起便成了玄。因此無而後有，無有同在是玄，也就可以生動靈通。道是玄，所以可以通向一切，實現一切，叫微妙玄通。微而後妙，無而後有，有無同體而後玄；玄才可以通貫一切，通向眾妙。「玄之又玄，眾妙之門」，眾妙是指萬有，萬有就萬物說。

夫唯不可識，故強為之容。

就因為它深遠不可知，所以難以描繪它的真實；假如我們看得很清楚了，就可以如實寫真的來描述它，而且可以描述得很傳神。對體道之士比較上還可以描繪，道就無可名狀了！因為體道之士是一個真生命站在我們面前，儘管是深遠不可知的，還是可以勉力嘗試的來體會描述。就因為不可識，一切形容都是強為之說，所以，不可執著。所謂形容，一定是就一個具體的形象來描述，而「深不可識」卻是內在的性格。所以你的描述和它的內涵之間，即概念和實在之間，是有距離的。因此試圖用具體的形象，來描述它內在的性格，不可能沒有差距，所以說「強為之容」。

豫兮若冬涉川，猶兮若畏四鄰；儼兮其若客，渙兮若冰之將釋。

冬天過河，河上結一層薄冰，「豫」是警惕之意，「猶」是多疑之意。冬涉川，畏四鄰，用具體的生活感覺來理解體道之士的生命形態，他看起來好像很慎重，有如冬天車行河道冰層上；又好像很徬徨，有如四面強鄰包圍。二者看起來是滿懷戒懼，又像是猶豫不決。體道之士不是那麼果敢、堅決，他看似戒慎恐懼，猶恐災難會到來。

「儼」是儼然，「儼兮其若客」，有如作客他鄉，外來作客較嚴肅，較沉重；「渙兮」是生動的氣象，「若冰之將釋」，是說萬物像冰將解凍。一面如沐春風，一面冷若冰霜；看起來好像很嚴肅，又很有活力。

敦兮其若樸，曠兮其若谷，混兮其若濁。孰能濁以靜之徐清？孰能安以動之徐生？

「敦兮其若樸，曠兮其若谷　，混兮其若濁」，它是敦厚、曠遠、混一，它像是一塊樸質而未經雕琢的木頭，它像山谷的虛空神妙，它像濁水看不到底的混然一體。「孰能濁以靜之徐清？孰能安以動之徐生」，此依《王弼本》可以加進一句經文：「孰能晦以理之徐明？」體道之士是若樸、若谷、若濁的人，是未經雕琢，還深藏不露，不急著凸顯自我的人。樸是晦，但理之就會徐明；混是濁，但靜之就會徐清；谷是安，但動之就會徐生。它安，但動之徐生；它濁，但靜之徐清；它晦，但理之徐明。它好像是無，其實它會生成一切的有。

保此道者不欲盈；夫唯不盈，故能蔽而新成。

從晦、濁、安看起來，道好像是蔽，但理之、靜之、動之以後的徐明、徐清、徐生，則是新成。「保此道者不欲盈」，就是像樸像谷像濁一樣，不求表現，所以保此道者是不想求自身的盈滿，它不用盡不注滿。「夫唯不盈，故能蔽而新成」，就因為一如樸質、空谷、濁水的不求凸顯自己，看起來像是晦、濁、安一般的什麼都不是，有如老舊壞掉一般，但實際上是新的，是成的，因為天地萬物在這裡孕育而生。這個「蔽」可以徐明、徐清、徐生，可以新成一切，體道之士看起來什麼都不是，實則什麼都是。道是無形的，好像什麼都沒有，但什麼都從它那裡出來。我們可以形容體道之士的生命特質，也就可以體會天道的玄妙奧藏了。

第16章

虛靜觀照的歸根復命

心是照妖鏡，照破妖惡而現出原形。

致虛極，守靜篤，萬物並作，吾以觀復。夫物芸芸，各復歸其根；歸根曰靜，是謂復命。復命曰常，知常曰明；不知常，妄作，凶。知常容，容乃公，公乃全，全乃天，天乃道，道乃久，沒身不殆。

致虛極，守靜篤，萬物並作，吾以觀復。

此為老子講修養工夫最直接也最關鍵的一段話。人生的困苦從心知的執著而來，因為執著帶來造作，所以工夫皆在心上做。困苦在心，而心就是主體，所以，「致虛極，守靜篤」，是心的自致自守，心致心的虛，心守心的靜，且致虛要至極，守靜要篤，「極」是最高的極致，「篤」是最真的篤實，工夫無窮無盡，總要做到極致篤實。心由虛而靜，是為虛靜心，心虛靜如鏡，一者鏡子沒有自己，二者鏡子把自己放平，「虛」與「靜」正是鏡子的兩大特質。吾心虛靜，即生發觀照的妙用。「萬物並作」，「作」不是農作生長的正面意義，而是由心知的執著所帶出來的人為造作，「並作」是相互牽引，一起發作，形成街頭流行的人間病痛。此如成人社會的功利主義，青少年學子的升學主義，或新聞媒體的泛政治主義，甚至黨團流派的意識形態，人人被綁住，人人被套牢。牟宗三先生將意識形態，譯為「意底牢結」，最貼切傳神，台海兩岸與台灣藍綠，各在自家心裡搭建一個監牢，再把自己關在裡面，一者別人進不來，二者自己也出不去，此形同自閉，且是集體自閉，每到選舉季節就發作，抗爭紛擾，已逼近決裂邊緣，堪稱「萬物並作」的最佳寫照。

除非人人有痛切感，心致虛守靜，虛掉主義，拆除監牢，由虛靜而觀照，讓「並作」的每一個人，回歸自我的真實。不分兩岸或藍綠，回頭做台灣人或中國人，遠離紛擾，避開決裂，從文化認同說一家人，此之謂「吾以觀復」。此心知執著所透顯出來的等待期盼，會牽動親人朋友，甚至迫使他們隨你起舞，有如以凹凸不平的哈哈鏡看人，不是壓扁，就是拉長，讓他們扭曲變形，做不成自己，甚且浪跡天涯；只要虛靜如鏡，親人朋友就可以回頭做自己了。

夫物芸芸，各復歸其根；歸根曰靜，是謂復命。

「夫物芸芸」，是萬象並列雜陳，等同「萬物並作」，而「各復歸其根」，也就是「吾以觀復」之意，萬物紛紜，在吾心觀照下，各自回歸自我生命的根本。萬物眾人不必應觀眾要求，流落街頭，老做別人的啦啦隊，而痛失了自我的真實。「歸根」是回歸生命的根土，「歸根曰靜」就從歸根說靜，「靜」是平靜，均衡和諧的意思，回歸鄉土童年，回歸成長的家園，與天真同在，似乎什麼都可以放下。「是謂復命」，就從這一回歸生命根土的一體和諧的平靜說「復命」，也就是朗現生命的美好。此從「觀復」說「復歸其根」，又從「歸根」說「復命」，從根源的道說「歸」，從生命自我說「復」，人就在歸根中復命，在回歸根源之道的路上，朗現生命本有的自在美好。

復命曰常，知常曰明；不知常，妄作，凶。

「復命曰常」，是人人朗現自我的真實，就是天地常道的開顯；「知常曰明」，而天地生成萬物的常道，就在吾心的虛靜明照下開顯。倘若心不虛靜觀照，天地常道隱晦不明，「不知常，妄作，凶」，人不知「歸根」，而「復命」無路，心知執著人為造作就是妄作，心發狂而冷酷，人間馳騁而獵殺異己，終究會害了自己，所以說「凶」。

知常容，容乃公，公乃全，全乃天，天乃道，道乃久，沒身不殆。

此知常之明，上承致虛守靜的工夫修養，下開天道長久的外王事業。「知常容」，知常之明由虛靜來，心虛則能容；「容乃公」，能容受萬物，也就大公無私；《王弼本》「公乃王，王乃天」，依勞健《老子古本考》改，云：「今本『王』字，碑本『生』字，當並是『全』之壞字，『生』字尤形近於『全』，可為蛻變之驗也。」此說言之有據，看上下文，「王」當作「全」，全、天二字為韻，王弼注云：「無所不周普。」也是「全」之意，公正公平，也就可以一體成全；「全乃天」，普遍整全，就是天的無不遮覆；「天乃道」，二十五章云：「人法地，地法天，天法道，道法自然。」上天不離道生成萬物的理則；「道乃久」，道的本身就是天長地久。人致虛守靜，心明照以知常，且心虛則能容，能容就公正遍在，如同天道般長久，「沒身不殆」，終其身不危殆。

第17章

百姓自然的太上治道

最好的政府是天下的美好都從百姓自己來。

太上，下知有之。其次，親而譽之。其次，畏之；其次，侮之。信不足焉，有不信焉。悠兮其貴言，功成事遂，百姓皆謂我自然。

太上，下知有之。

《永樂大典》「下」作「不」，《吳澄本》亦作「不」，有謂作「不」，義較長，此說不確，因為專論治道，且做出價值評斷，有太上、其次、再其次的分判，此一價值評比，要由人民的觀點來做出等級的判定。「太上」說的是太上之治，指最高明的治道，「下」指下民，「之」指政府，依下民的感受來說，最高明的治道，天下人民僅知有政府存在而已，意謂官方無心無為，天下百姓在天地自然的軌道運轉，此如「擊壤歌」的描述，「日出而作，日入而息，鑿井而飲，耕田而食，帝力於我何有哉！」此「帝力於我何有」，就是「下知有之」的真正意涵了。

其次，親而譽之。

「其次」說的是「太上」之下的治道；「親而譽之」，《河上本》作「親之譽之」，此句「下」之主語省略，第二等的政府，是讓天下人民親近政府，又歌頌政府。意謂官方有心有為，又愛又教，下民感恩，故親之譽之，以報答君王德政。蘇轍《老子解》注云：「其德可懷，其功可見，故民得親譽之。」此為第二等的治道。

其次，畏之；其次，侮之。

此言第三等的治道，是下畏之，下侮之，主語省略。諸本「侮之」之上，無「其次」二字。「之」指政府，何以給出等而下之的評比，因為此其治道，在讓人民畏懼政府，以嚴刑峻罰來控御宰制人民，天下百姓失去自我成長的精神空間，惟在政令刑施下，成了國家的工具。

且「畏之」的高壓治道，不一定靠得住，過了臨界點就會引爆民怨的怒火。下「侮之」，是迫使人民侮慢政府，「侮」是看輕，「慢」則反抗，由輕視威權而反抗暴政。

依道家的思想體系來看，太上治道指的是無為而治的道家，其次治道指的是仁政愛民的儒家，等而下之的治道，指的是政令刑施的法家。

信不足焉，有不信焉。

此言由「畏之」轉向「侮之」的原因所在。王念孫《讀書雜志》云：「案無下『焉』者是也。『信不足』為句，『焉有不信』為句。『焉』於是也。言信不足，於是有不信也。」此說言之成理。就因為官方本身「信不足」，所以民間的反應「有不信」，越是欠缺自信的政府，越是以高壓來控御下民，諸多措施不敢透明化，公信力薄弱，下民因而不信任政府，既不信任，則走向侮慢反抗之路了。

悠兮其貴言，功成事遂，百姓皆謂我自然。

此仲進一層詮表「下知有之」的太上治道。「悠」是「閒暇貌」，有閒散自在之意，「貴言」是不輕易發言，第二章云：「處無為之事，行不言之教。」「悠兮」就是「無為」，「貴言」就在「不言」。「功成」與「事遂」意同，事功順遂完成，順遂即就無為而無不為說，政府無為不言，天下歸於平治，百姓僅知政府存在而已：天高皇帝遠。功成事遂帶來了天下太平。百姓過著太平歲月，安居樂俗，還以為人生美好的「然」都從自身來。

這是道家「無」的智慧，政府無了自己，給出百姓「然從自己來」的空間，故云：「百姓皆謂我自然。」美好在百姓，所以評之曰太上。

第18章

道廢智出的不和昏亂

彰顯仁義而大道廢失，智巧應變則真實遮蔽。

大道廢，有仁義；慧智出，有大偽。六親不和，有孝慈；國家昏亂，有忠臣。

大道廢，有仁義；慧智出，有大偽。

太上自然之治道，廢而不行，再推出仁義之治道。大道亙古長存，卻在人為造作中扭曲沉落，大道本不廢，是人的有心有為悖離了大道。

仁義有心，而聖智有為，由有心而有為，智慧初露端倪，展現它的機巧。王介甫云：「智者知也，慧者察也，以其有知有察，此大偽所以生也。」有心有為是人為造作，離自然天真日遠，所以說有大偽。

「大道廢，有仁義」，是「其次，親而譽之」；「慧智出，有大偽」，是「其次，畏之；其次，侮之」（十七章）。「有孝慈」、「有忠臣」就是「人道廢，有仁義」的表徵，而「六親不和」、「國家昏亂」正是「慧智出，有大偽」的後遺症。

六親不和，有孝慈；國家昏亂，有忠臣。

老子「正言若反」，儒家從正面立說，道家卻從負面反思。儒家說仁義所以立大道，道家說「有仁義」就顯示「大道廢」了；儒家說智慧所以破大偽，道家說「慧智出」就難免「有大偽」了；儒家說孝慈所以和六親（父子、兄弟、夫婦），道家說「有孝慈」豈非反證六親已然不和？儒家說忠臣所以救國家之昏亂，道家說「有忠臣」豈非反證國家已然昏亂？因為六親和，何必講孝慈？國家治平，何須有忠臣？

此章著重在現象背景的探索，而不是因果的串聯。「有仁義」不是「大道廢」的原因，「慧智出」也不是「有大偽」的原因；「有孝慈」不是「六親不和」的原因，「有忠臣」也不是「國家昏亂」的原因。只是逼我們做一反思，在有仁義智慧出的時候，要想到大道廢的失落，與有大偽的虛假；在有孝慈有忠臣的時候，要警惕六親不和的破裂，與國家昏亂的災難。可別陶醉在有孝慈有忠臣的感動中，而遺忘了六親不和、國家昏亂的危機。實則，仿照「慧智出，有大偽」的語式，我們也可以依樣畫出另一個「醫藥出，有大病」的葫蘆來，顯然醫藥出，不是有大病的原因，而是治大病的良方。理解這一道理，就不會被道家「正言若反」的話語嚇著了，還誤以為老子反道德呢！可別忘了《老子》一書就取名「道德經」噢！

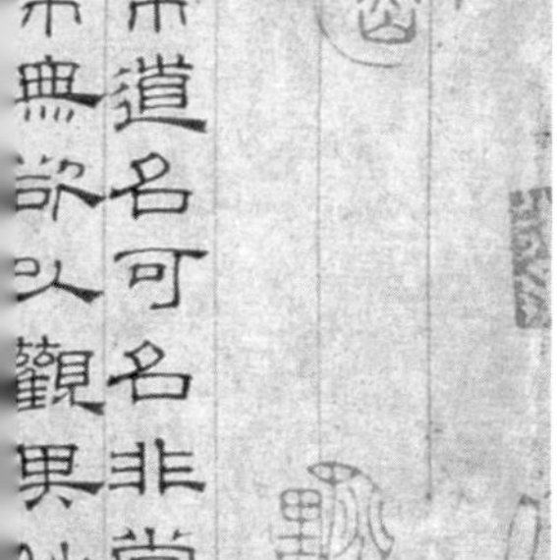

吳叡《老子道德經卷》局部　隸書（北京故宮博物院藏）

相龢前後相隨是以聖人處無爲之事行不言之敎
萬物作爲而不辭生而不有爲而不恃功成而不居
夫惟不居是以不去
不尚賢使民不爭不貴難得之貨使民不爲盜不見
可欲使民心不亂是以聖人之治虛其心實其腹弱
其志強其骨使民無知無欲使夫知者不敢爲也爲
無爲則無不治
道沖而用之或不盈淵兮似萬物之宗挫其銳解其
紛和其光同其塵湛兮似若存吾不知誰之子象帝
之先
天地不仁以萬物爲芻狗聖人不仁以百姓爲芻狗
天地之間其猶橐籥乎虛而不屈動而愈出多言數
窮不如守中
谷神不死是謂玄牝玄牝之門是謂天地根綿綿若
存用之不勤
天長地久天地所以能長且久者以其不自生故能
長生是以聖人後其身而身先外其身而身存非以
其無私邪故能成其私
上善若水水善利萬物而不爭處衆人之所惡故幾
於道居善地心善淵與善人言善信政善治事善
能動善時夫惟不爭故無尤矣

第19章

絕仁棄義的見素抱樸

絕棄不是不要，而是在化解中保存。

絕聖棄智，民利百倍；絕仁棄義，民復孝慈；絕巧棄利，盜賊無有。此三者以為文不足，故令有所屬：見素抱樸，少私寡欲。

絕聖棄智，民利百倍；絕仁棄義，民復孝慈；絕巧棄利，盜賊無有。

此章將聖智、仁義，與巧利並列；實則，巧利僅是世俗的精明，與聖智、仁義之生命價值的核心理念，根本未具有可以相提並論的分量。

儒家思想，仁義內聖，而禮智外王，因聖人制禮作樂，故以「聖」取代「禮」；而「聖」王又是理想人格的最高境界，故再將「聖智」升越在「仁義」之上。

看全章的語文脈絡，以「聖」的生命人格，為「仁義」之所由出，再以「智」的靈動權變，為「巧利」之所從來，故即以「絕聖棄智」，導出「絕仁棄義」與「絕巧棄利」，此為全章的理路架構。

依道家的省思，仁義有心，而聖智有為，有心是心知的執著，有為則是人為的造作，此即儒家「其次，親而譽之」的有為治道。故「絕仁棄義」，是解消心知的執著，「絕聖棄智」，是消除人為的造作，「為無為，則無不治」（三章），為政者無心無為，就在官方的「無為」中，給出民間「無不為」的空間。「百姓皆謂我自然」，是君上「絕聖棄智」，也「絕仁棄義」，而將「聖智」、「仁義」的價值美好，還歸百姓自身，此即道家「太上，下知有之」（十七章）的無為治道。

此「絕聖棄智」、「絕仁棄義」的「絕棄」，一如「天地不仁」、與「聖人不仁」（五章）的「不」，都不是本質的否定，而是心知的化解；而化解的作用就在保存聖智、仁義本來的真實美好。

仁義有心與聖智有為，就表現在「可道」之人生道路的引導，與「可名」之生命內涵的規定上；而引導與規定的依據在「知善」、「知美」。心知執著美善的價值標準，再通過「尚賢」、「貴貨」的政治運作，將天下人民引入爭名盜利的浪潮中。此爭盜的利器，就是「巧利」，巧利之極可以只問目的，而不擇手段，故「絕巧棄利，盜賊無有」，是藉以消除「民多利器，國家滋昏」（五十七章）的失序亂象。此即何以「絕巧棄利」，竟能與「絕聖棄智」、「絕仁棄義」鼎足而三的理由所在。

「絕仁棄義，民復孝慈」，可與「六親不和，有孝慈」對看求解，老子所要批判的是心知執著與人為造作之下，而扭曲變質的孝慈，老子所要保存的是解消執著與造作，由虛靜心所照現的孝慈。故「民復孝慈」，是保有無心自然的孝慈。

此三者以為文不足，故令有所屬：見素抱樸，少私寡欲。

聖智、仁義、巧利老子認定以此三者做為人文，以化成百姓，乃是不足的；所以，使天下人民另求歸屬。歸屬何處？從「絕仁棄義」說「見素抱樸」，從「絕巧棄利」說「少私寡欲」，最後，從「絕聖棄智」說「絕學無憂」。《王弼本》「絕學無憂」列在二十章之首，然易順鼎、馬敘倫、蔣錫昌諸家，力主當屬十九章之末，正與前三

「絕棄」句，兩相對應。

無掉聖智的執著，無掉仁義的分別，無掉巧利的爭端，聖人「虛其心」，「智者不敢為」，且「常使民無知無欲」（三章），不就民利百倍，民復孝慈，盜賊無有了嗎？

第20章

昏昏悶悶的絕學無憂

無心無為看似失落，實則自在。

絕學無憂。唯之與阿，相去幾何？善之與惡，相去何若？人之所畏，不可不畏。荒兮其未央哉！眾人熙熙，如享太牢，如春登台。我獨泊兮其未兆，沌沌兮！如嬰兒之未孩。儽儽兮！若無所歸。眾人皆有餘，而我獨若遺，我愚人之心也哉！俗人昭昭，我獨昏昏；俗人察察，我獨悶悶。澹兮其若海，飂兮若無止。眾人皆有以，而我獨頑似鄙。我獨異於人，而貴食母。

絕學無憂。唯之與阿，相去幾何？善之與惡，相去何若？

儒家的「知」，是由德性心萌發的善端良知，故知善知美是正面的意義；道家的「知」，是心知的執著，故知善知美呈負面的意義。因此有「天下皆知美之為美，斯惡已；皆知善之為善，斯不善已」（二章）之說。

太上老君當頭棒喝拋出一句道家根本立場的話，絕學的人可以無憂。絕學不是不讀書不學習，而是無執著無分別，也就無比較無得失，當然可以遠離患得患失的憂患了。「唯」是唯唯諾諾，當「順從」解；「阿」，帛書本作「訶」，當「怒責」解；唯與訶相對。「善」，帛書本作「美」，王弼注亦云：「美之與惡。」故美與醜亦相對，正符合「知美之為美，斯惡已」的說法。唯之與訶，美之與醜，本質上皆是心知執著的產物，此等相對二分，真的有那麼截然不同的區別嗎？相去幾何與相去何若，意謂人皆以自己的出身背景做為價值標準，跟我一樣的判為「美」，跟我不一樣的則斷為「醜」；跟我一樣的以「唯」附和，跟我不一樣的以「訶」責難，不過是主觀的偏見而已！

人之所畏，不可不畏。荒兮其未央哉！

「人之所畏」，就在美醜唯訶間，被判定為負面挫敗的一方，而引以為憂；「不可不畏」，是後設的反省，把「人之所畏」當做反省的對象，問「人之所畏」之所從來，在執著分別與比較得失，故「不可不畏」，即在解消此一病痛癥結。世俗眾人皆落在「人之所畏」中而被綁住套牢，惟我有「不可不畏」的超越反省，而自我鬆綁解套，故有完全不同的意態風貌。「荒兮其未央哉」，意謂其間差別正如荒野蒼茫，未有窮盡。

眾人熙熙，如享太牢，如春登台。我獨泊兮其未兆，沌沌兮！如嬰兒之未孩。儽儽兮！若無所歸。

此下展開「我獨」與「眾皆」的連串對比。第一個對比在眾人是熙熙攘攘，如享有太牢牲禮的豐盛，如春天登上亭台樓閣的適意；而我卻淡泊到一點意向（眹兆）都沒有，有如嬰兒還不知流露笑意般。「儽儽兮」，是心無主見之貌，不知何處是歸程。「沌沌兮」有謂當在「如嬰兒之未孩」上，而與「儽儽兮！若無所歸」正好對應。「沌」是無分別的純任天真。

眾人皆有餘，而我獨若遺，我愚人之心也哉！

第二個對比，眾人皆求有餘，而我獨遺忘失落。相對眾人的精明有為，我卻像愚人般的素樸無心。

俗人昭昭，我獨昏昏；俗人察察，我獨悶悶。澹兮其若海，飂兮若無止。

第三個對比，俗人昭昭有心，察察有為；而我卻昏昏無心，悶悶無為。此俗人的昭昭察察，正是「人之所畏」的自我陷落，而我獨昏昏悶悶，正是「不可不畏」的自我超離。故底下有「澹兮其若海，飂兮若無止」來描述我獨的境界。「澹若海」是開闊如海不可見，「飂無止」是高揚如風不停留。

眾人皆有以，而我獨頑似鄙。我獨異於人，而貴食母。

第四個對比，在眾人皆有「以」，「以」當「用」解，眾人皆求有用，而我獨愚頑無知，鄙陋無用。此無知無用，與上文之無心無為，「無所歸」與「獨若遺」，皆是心知的化解，而生發化解的作用，此虛無妙用，歸結在「我獨異於人，而貴食母」。人生的動向在異於人間街頭奔競爭逐的眾人，而「人之所畏，不可不畏」的自覺回歸道父德母，有如嬰兒般在母親的懷裡汲取生命的養分，走在自然天真的人生路上，也就「絕學無憂」了。

第21章

惟道是從的大德生命

人道走天道的路，天道在似有還無中生萬物。

孔德之容，惟道是從。道之為物，惟恍惟惚：惚兮恍兮，其中有象；恍兮惚兮，其中有物。窈兮冥兮，其中有精；其精甚真，其中有信。自古及今，其名不去，以閱眾甫。吾何以知眾甫之狀哉？以此。

孔德之容，惟道是從。

人會問：我從哪裡來？從父母來。又會問：萬物從哪裡來？從天地來。此所以逢年過節，我們拜祖宗，又拜天公土地公，就是向「生」之源頭禮拜。每一大教的教義，總要擔負萬物的存在，如何擔負？就在合理的解釋萬物的存在，讓天下萬物的存在合理，來保證萬物的存在。因為只有合理才存在，若不合理，存在的基礎立即動搖，那就存活無路了。

天地生萬物，父母生兒女，聖人生百姓，老師生學生，此所以幾千年文化傳統，禮拜天地君親師，不是權威崇拜，而是向生成之道禮拜。「道」之所以能生成天地萬物，就在道體的「理」，內在於天地萬物之中。天地合理，所以天地存在；萬物合理，所以萬物存在。人物在人間行走，總要「形而上者謂之道」，要修養修行，體現天道的生成原理，從天經地義處，去開發天長地久的人生之路。

道之為物，惟恍惟惚：惚兮恍兮，其中有象；恍兮惚兮，其中有物。窈兮冥兮，其中有精；其精甚真，其中有信。

此段承上啟下，說大德人格的生命動向，惟遵從道，而以道為依歸。人道要走天道的路，故轉而講「道之為物」。此不可做出錯誤解讀，說道是物，而是「道」做為一個存在來說，它是無形的存在，是形上道體，故以「恍惚」來說它的無形不可繫。

大德之人惟從道，而道體又不可捉摸，那人道要走天道的路，如何可能？還好，有體必有用，道體雖無聲無形，而即體起用，在恍兮惚兮間，總在生天生地生萬物，從「其中有象」到「其中有物」。對道體的描述，在恍惚之外，另一邊說「窈冥」的深遠不可知。既不可知又從何體現天道？還好，「窈兮冥兮」的生成作用，總在天地萬物間顯發，從「其中有精」到「其中有信」。

這兩說統合並論，「恍惚」與「窈冥」皆講道體的「無」；「其中有象」跟「其中有精」位階等同，皆指涉道體內在於萬物的「有」，是天生本真的「德」；而「其中有物」跟「其中有信」的位階亦相當，指涉具體成形的萬物。因為有形可見，故曰信物。在生成過程中，「精象」雖「有」而未成形，故以「其精甚真」來說其存在的真實性，並通過「其中有信」加以證實。「信物」在文化傳統的禮俗生活間，被移轉而為兩情相悅互訂終身的禮物，保證愛的真實可靠，是海誓山盟的見證。

自古及今，其名不去，以閱眾甫。吾何以知眾甫之狀哉？以此。

這一道體的生成作用，古往今來總在那裡，而名號從實體來，「其名不去」，意謂其生成作用的永不停息，故通過此一「恍兮惚兮」與「窈兮冥兮」的生成作用，可以解釋天地萬物之所從來。「眾甫」是眾物之始，「閱」是經由歷程而知其存在。故最後說我憑什麼知道天下萬物生成的情狀，就由「恍惚」而「窈冥」的生成原理來。

大德之人的生命走向，就在走天道的路。天道生萬物，體現天道的人就要「生」台灣鄉土，「生」台北街頭了。

第22章

少得多惑的不爭曲全

人生路上有時迂迴曲折，反得成全。

曲則全，枉則直，窪則盈，敝則新。少則得，多則惑，是以聖人抱一以為天下式。不自見，故明；不自是，故彰；不自伐，故有功；不自矜，故長。夫唯不爭，故天下莫能與之爭。古之所謂曲則全者，豈虛言哉！誠全而歸之。

曲則全，枉則直，窪則盈，敝則新。

依我們的儒學傳統，立身處世理當直道而行，因為義不容辭當仁不讓；不過在「絕仁棄義」的道家義理脈絡之下，「曲則全，枉則直」才是化解人間紛擾的做人之道。

老子思想以其「正言若反」的反向思維，正面的道理老從反面說，儒家說聖智仁義；他卻反其道而行，說「絕聖棄智」、「絕仁棄義」（十九章），此等激切語，可真觸痛了每一個儒者的心，因為仁義內聖而禮智外王，此天經地義的道理，何以老子要大唱反調，這是千年文化傳統中最讓人困惑不解的所在。

實則，老子的絕棄，不在實有層次反對聖智仁義的存在價值，而是在作用層次化解人心對仁義聖智的執著與造作。王弼《微旨例略》云：「絕聖而後聖功全，棄仁而後仁德厚。」解消了仁義聖智的心知執著，就不會引來威權獨斷的人為造作，讓聖功在無心自然中得以成全，仁德在無心自然中歸於厚實。

從實有層次看，曲則不全，枉則不直，窪則不盈，敝則不新，此兩相對反的生命理念，怎麼可能以因果關聯的姿態出現？說委屈反得成全，枉曲反得正直，低窪反得盈滿，敝舊反得新成，是不可理解的；故轉而從作用層次來解讀，曲、枉、窪、敝是解消心知的執著，避開人為的造作，沉潛內斂，反得成全，此只有從修養工夫來體會理解。否則，「曲則全，枉則直」，已構成矛盾，當然困惑難解，若以「阿Q精神」來說解老子，那就錯得離譜了。

少則得，多則惑，是以聖人抱一以為天下式。

總結首段「曲則全，枉則直，窪則盈，敝則新」四句，歸納出「少則得，多則惑」的結論，「少」跟「多」，不在實有層次說數量的多寡，而在作用層次說工夫的修養，「少」是「為道日損」，「多」是「為學日益」，心知減損的「少」是體現道的工夫修養，心知增益的「多」，對道行而言，反陷困惑。此所以聖人平治天下，要回歸道體的「一」，無執著無造作。

不自見，故明；不自是，故彰；不自伐，故有功；不自矜，故長。

聖人無心無為，不顯現自身，反而可以看到天下的真相；不自以為是，反而可以彰顯天下的大是大非；不誇大自身，反而可以成全天下的事功；不傲慢矜持，反而可以帶動天下的成長。

夫唯不爭，故天下莫能與之爭。

前面所言的這個「自」均相對於天下而言，總持的說，聖人不跟天下人爭，所以普天之下也就沒有人可以跟他爭。這如同孟子所說的「仁者無敵」，仁者不與天下人為敵，也就無敵於天下。

古之所謂曲則全者，豈虛言哉！誠全而歸之。

這一「曲則全」的人生智慧，是古來相傳的格言，哪裡是空言一句呢？「誠全而歸之」，此「誠」當「實」解，相對於「虛」而言，意謂雖「曲」而實歸之「全」，有自我解消的心靈涵養，實質上一定會生發成全的妙用。人生路上有時迂迴轉折，反得成全。

第23章

飄風驟雨的難期長久

寂天寞地自然長久，炒作狂飆暴起暴落。

希言自然。故飄風不終朝，驟雨不終日。孰為此者？天地。天地尚不能久，而況於人乎？故從事於道者：道者同於道；德者同於德；失者同於失。同於道者，道亦樂得之；同於德者，德亦樂得之；同於失者，失亦樂得之。信不足焉，有不信焉。

希言自然。

儒學講人文教化，道家說回歸自然。自然不是指涉自然現象，而是說活出一生美好的「然」，與實現生命價值的「然」，若從自身而來，是為自然，若從外在來，則為他然。故所謂的「自然」，相對於「他然」而言，人生在世，自然才有必然的保證，他然則迫使生命價值的追尋，落於漂泊不定中。

從「大音希聲」（四十一章）來看，天籟無聲，故希言是無言，而言為心聲，無心也就無言，既無所執著，又何須多言！再由「道法自然」（二十五章）來思考，無心自然等同天道，人無心無為，走回歸自然的路，所以說「希言」就是「自然」的體現。

故飄風不終朝，驟雨不終日。孰為此者？天地。天地尚不能久，而況於人乎？

深奧的哲理，總要從生活感受切入，環顧存在的情境，狂風颳不了一個早上，暴雨下不了一整天。問風狂雨暴從哪裡來，是何者所為？答案是天地。即使是天地的有心有為，想要走出千古寂寞，尋求自我突破，來個隨興的做秀演出，竟也難期長久，更何況是人的有心有為呢？

理解此段經義，有一陷阱，說「天地尚不能久」，此顯與「天長地久」（七章）的說法衝突，故此處所說的「天地尚不能久」，不是指涉天地本身，而是指涉天地之所為，天地若有心有為，悖離了「道法自然」的形上原理，風狂雨暴適得其反，快速的消散，而歸於風平浪靜雨過天青的自然常軌。

故從事於道者：道者同於道；德者同於德；失者同於失。

人生在此當有一翻轉覺悟，說人定勝天，那是狂妄，惟一的長久之路，在「道法自然」，故人人都當有「從事於道者」的修養實踐，此其結果有三，一是道者同於道，二是德者同於德，三是失者同於失。一是修養到了道的境界，生命中就有了道；二是修養到了德的境界，生命中就有了德；三是既無道行，又不修德，自家生命既失落了道，又失落了德，當真是道廢德失了，這是從修養實踐的工夫，來論定生命人格的境界高下。

同於道者，道亦樂得之；同於德者，德亦樂得之；同於失者，失亦樂得之。

天道無聲無形，人又何從做體道的工夫？老子給出的生命智慧，在「同於道者，道亦樂得之；同於德者，德亦樂得之」，道尊德貴，樂得以主體生命所開顯的境界，做為它臨現人間的真實內涵，故生命人格的修養，等於為道體天真做了見證。天道從何被體認、體證與體現，就從修道人的身上，他們的道行，等同天道在人間的真實朗現。倘若主體生命未開顯道朗現德，那天生萬物的「道」與天生本真的「德」，就在人的生命中失落。而這樣的人間是荒涼的，這樣的人生則是貧乏的，那無異是機械的世界與冰冷的人生。

信不足焉，有不信焉。

最後老子告訴我們，人的主體生命少了真實，人間世界就失落了它的美好，就因為自家「信不足」，所以人間「有不信」，寂天寞地總天長地久，人為造作暴起也暴落，難逃泡沫消散的命運。人生路上別老求浪漫，人為加工的情愛，總失落了它的自然美好。媒體炒作出來的八卦緋聞，其終局不就如此這般嗎？

第24章 企者跨者的不立不行

踮起腳根站立不穩，拉開大步行走不遠。

企者不立，跨者不行。自見者不明，自是者不彰，自伐者無功，自矜者不長。其在道也，曰：餘食贅行。物或惡之，故有道者不處。

企者不立，跨者不行。

孔子人文化成，老子道法自然。

「企」，《河上公本》作「跂」。老子說踮起腳跟的人（企者），本來想要站得高一點，也看得遠一點，卻適得其反，反而站不穩；拉開大步的人（跨者），本來想要走得快一點，也走得遠一點，卻適得其反，反而走不遠。此有如芭蕾舞的舞者，僅能有短暫演出，快走的運動員，僅能在賽場競逐，而散心散步的人，卻可以走出長遠的人生路。

自見者不明，自是者不彰，自伐者無功，自矜者不長。

落在社群人際的互動而言，自我標榜的人，搶盡人間光采，反而看不到天下人；自以為是的人，把價值標準定在自己的身上，反而不能彰顯人間正義；自以為有功的人，把功德都歸給自己，反而貶抑了人家對自身的評價；驕矜自大的人，反而失去了自我成長的空間。

此等自見、自是、自伐、自矜的人，如同跂者跨者，都是由心知的執著，導向人為的造作，有心有為卻適得其反，等同自己站出來反對自己，迫使自身站不起來，也走不出去；看不到，顯不出，也功不成，長不了。如同「飄風不終朝，驟雨不終日」（二十三章），狂風刮不了一個早上，暴雨也下不了一整天，天地想要狂飆暴走，尚且不能長久，何況是人的痴迷熱狂呢？當然是草草收場了。

這一生命的自我省思，正可以照看當前社會自我中心、且自我膨脹的人，與所謂的尖端、卓越、前衛、新銳，甚至是號稱解構、顛覆的人，都是跂者跨者，有如飄風驟雨的人，爭一時的風光亮眼，而與可大可久的志業開創絕緣。

其在道也，曰：餘食贅行。物或惡之，故有道者不處。

道家思想通過天道自然的觀點來看，愛現驕矜，都是贅行。既是多出來的言行，不論多說一句話，或多出一個動作，就如同人體的附贅之疣，不僅多出來，且形成累贅，無端耗損自己的能量，且引生負面的效應，成了生命的病痛。

在舊時鄉土，小兒女的成長路上，不容許飯粒落地，主婦持家也不容許有剩餘的菜餚，暴殄天物當然是罪過，老一輩的人說天公會打人的。時至今天，垃圾車穿越大街小巷，總要資源回收與廚餘的再利用。此太上老君教導我們的大智慧，就在「贅行」一如「餘食」般的不合理。

老子以餘食來凸顯贅行的造作災害，前者是家常日常的生活體驗，後者是天下人間的價值評估，此由親切而生動的體會驗證，轉化為深刻而靈動的人生智慧。太上老君給出一個價值的論定，世俗民間尚且厭惡「餘食」，故有修行有智慧的「有道者」，絕不會讓自身處於「贅行」的困境。民間要食不餘，在位者當行不贅，既是家常日常，又是天經地義。

以老君的生命大智慧，來看兩岸或朝野的政局現狀，問題出在雙方皆如同跂者跨者般的有心有為，心知執著又人為造作，當然適得其反，既站不穩，又走不遠。不論台灣奇蹟或中國崛起，都不能一如飄風驟雨般，不終朝不終日，就風消雲散，被自己打敗。民間傳統尚且厭惡「餘食」，兩岸朝野怎麼可以老在「贅行」間各走極端呢！

第25章

道法自然的獨立周行

我永遠是我，我也永遠陪他，人生就在前進中回歸。

有物混成，先天地生。寂兮寥兮，獨立不改，周行而不殆，可以為天下母。吾不知其名，字之曰道，強為之名曰大。大曰逝，逝曰遠，遠曰反。故道大，天大，地大，人亦大。域中有四大，而人居其一焉。人法地，地法天，天法道，道法自然。

有物混成，先天地生。寂兮寥兮，獨立不改，周行而不殆，可以為天下母。

老子對形上道體的存在性格，有其獨到深刻的體會，與生動真切的描述。

「有物混成」之「有物」，亦如「道之為物」（二十一章），皆指涉「道」做為一存在而言，不可執實的說「道」就是「物」，解讀經典要把它解活了，而不要把它讀死了。而「混成」亦如「混而為一」（十四章）。說「道」渾然天成，一體無別，超越在時空之上，寂兮無聲，寥兮無形，既無上下前後的空間之分，又無古今的時間之別，所以通過耳目官能，根本問不出道體是什麼的究竟解答。

這一早在天地之先就已存在的形上道體，一者要合理的解釋自己的存在，二者又要合理的解釋萬物的存在，「獨立不改」正所以給出道本身存在的理由，「周行而不殆」正所以給出萬物存在的理由。獨立是自我挺立，不投靠不攀緣，無須討好權貴或迎合世俗，所以盡其一生可以存全自己的天真理想，而不改本色初衷，且人生在自我挺立之外，還得天下行走；問題在，只有「獨立」的人才可能「周行」，也只有「不改」的人才可能「不殆」。「周行」不是繞圓周而行，而意謂同時徧在人世間的每一角落，既不改天生本真，自可遠離面目可憎而言語無味的庸俗難堪，人生路也就不會走不下去而變壞了。

「獨立不改」，可以合理的解釋道本身的存在，「周行而不殆」，又可以合理的解釋萬物的存在，二者統貫而為生成原理，既擔負自身的存在，又擔負萬物的存在，所以說：「可以為天下母。」

吾不知其名，字之曰道，強為之名曰大。大曰逝，逝曰遠，遠曰反。故道大，天大，地大，人亦大。域中有四大，而人居其一焉。

形上道體既無形也就無名，因為「名」從「形」的抽象而有，所以說：「吾不知其名。」所謂的「字之曰道」，是說道體不是外在客觀的認知對象，而是從生命主體的修證而體現。王弼《微旨例略》云：「名號生乎情狀，稱謂出乎涉求。」名號定於外在的物象，稱謂則出於內在的體悟，如姓名代表人的客觀身分，而字號則蘊涵人的主體願景。修行人的法號道號，如證嚴、聖嚴，皆發自上人法師自家心靈對終極實在的永恆追尋。

道體無名，而人人走在它的路上，故「字之曰道」；若要給出人間的名號，則惟有「大」字勉強可說。「大曰逝」意謂道體是大，所以它可以一往前行；「逝曰遠」意謂不僅一往前行，且無遠弗屆；「遠曰反」意謂不管多遙遠，總會回歸它自己。「大曰逝」、「逝曰遠」就是「周行而不殆」，「遠曰反」則是「獨立不改」了。

道體生天生地生萬物，道體本身是大，它所生成的天地人，也一體皆大。所以說：「域中有四大。」而人的存在分位，正處四大之一，人的生命走向，也在四大間展開。

人法地，地法天，天法道，道法自然。

「人法地」是人離不開大地的乘載，「地法天」是地離不開上天的遮覆，「天法道」是天離不開道體的生成作用，「道法自然」是道體離不開它自身永遠如此的理則。「自然」就是「獨立」，我自己「然」我自己，我自己「立」我自己，既「獨立不改」，也就「周行而不殆」了。人人心中有道，且依道而行，何止天大地大，人亦大；何止天長地久，人也長久，那又何須有「但願人長久」的惆悵呢！

第26章 重根靜君的聖人榮觀

行走人間，不離根本。

重為輕根，靜為躁君。是以聖人終日行，不離輜重。雖有榮觀，燕處超然。奈何萬乘之主，而以身輕天下？輕則失本，躁則失君。

重為輕根，靜為躁君。

老子的政治思想，講清靜無為，清靜不是遠離世俗塵囂，無為也不是什麼都不為，而是體道的智慧。

本章的理論依據在「重為輕根，靜為躁君」。本來輕重相對，動靜也相對，如同美醜、善惡的二分，皆出於心知的執著，以自己的出身家世，甚或種族膚色，做為美善的價值標準；並進一步責求天下人合乎此一自身執定的價值標準。這一自以為是的主觀執著，當然是偏見，而把與己不同判定為不對，則是傲慢，人間紛擾癥結在此。

故輕重與動靜，一如「有無相生，難易相成，長短相較，高下相傾，音聲相和，前後相隨」（二章），皆是互相以對方為原因而成立，本質上是相對的。而世間卻把本來屬於相對的存在，自我膨脹的推向絕對化，道家的智慧，就在一眼看到人家只是跟我們不同，人家不見得不對。老子有此體悟，何以還會有「重為輕根，靜為躁君」的論調，這不是把本來相對的關連，反而推向絕對化了嗎？因為「重」為「輕」的根本，「靜」為「動」的君主，已不是相對而立、相因而成的對等關係，而賦予了「重」與「靜」做為根本與宗主的形上性格。此所謂的「重」與「靜」，不再是與「輕」、「動」相對的「重」與「靜」，而是指謂超越在輕重相對、動靜相對之上的「道」自身，「天道」理所當然是生成天下萬物的根本與宗主。

是以聖人終日行，不離輜重。雖有榮觀，燕處超然。

「生萬物」的天道固是絕對，「生百姓」的聖人也必如是。故聖人行走人間，當然是依道而行，而以「不離輜重」來做一比喻性的描述。聖人帶路遠行，可能是移民墾荒的車隊，載負耕具、種籽、衣被、帳幕的重車，循例在後隨行，輜重是落地生根的憑依資藉，是以聖人終日行，而不離輜重，因為離了輜重，遠行形同流浪，聖人也就生不成百姓了，而天下怎麼可能有不生成百姓的聖人！

而在「終日行」的過程中，雖有權勢榮觀與名利美景的誘引，聖人行道人間，不會痴迷熱狂，也不會執著陷溺。不僅不會輕舉妄動，反而會持重守靜。依「致虛極，守靜篤，……歸根曰靜，是謂復命」（十六章）來看，「致虛守靜」是修道工夫，「歸根復命」則是體道境界。儘管榮觀美景當前，也可以處之泰然，不被牽動，也不會流落，只因為人世間一切榮觀美景的根本源頭，就在「天道」本身啊！

奈何萬乘之主，而以身輕天下？輕則失本，躁則失君。

太上老君最後表白了對時局的歎惋，道理顯豁如斯，奈何天下侯王，治理萬乘兵車的大國，卻為一己之身的英雄氣與優越感，而輕用天下，把百姓推向戰火的邊緣。

這一輕率的舉動，就此失落了做為天下根本與宗主的「道」了。言下之意，等同當頭棒喝，告誡天下侯王，輕舉妄動既失去了治國之本，也終將失去君主的權位。

聖人是理想的政治家，以「生百姓」為自家的抱負，而不是為了權勢榮觀與名利美景而從政。當前所謂「政客」，根本上與財團合流，搶政權與爭貨利，皆屬短線炒作，隨勢利而轉，有如過客心態。面對此等「以身輕天下」的狂野傲慢，當代人不能僅停留在「奈何」的歎惋，而當以「道」的根本，來制衡輕舉妄動的政黨惡鬥。

第27章

善閉善結的不開不解

不高貴自己，也不綁住別人。

善行無轍迹，善言無瑕讁，善數不用籌策。善閉無關楗而不可開，善結無繩約而不可解。是以聖人常善救人，故無棄人；常善救物，故無棄物。是謂襲明。故善人者，不善人之師；不善人者，善人之資。不貴其師，不愛其資，雖智大迷，是謂要妙。

善行無轍迹，善言無瑕讁，善數不用籌策。

人間世皆肯定美善的價值，在幾千年的文化傳統中，儒家思想有心是善，道家哲學則無心是善。因為儒家所肯認的心，是良知天理的德性心，而道家所質疑的心，是虛妄分別的執著心，此所以老子思想會以無心自然為善。

人生的言行，以無跡可尋為善，無過可責為善，而言行的評價，以無策可數為善。言行出於無心，純任自然，當下過也當下忘，不會留下軌跡或語病，有如童言無忌般，只見天真，未有機心算計，所以人算總不如天算。

凡此所謂的「善」，不是技巧性的策略運用，而是修養論的自然無心。無心無為，無執著無分別，不會暴露弱點，也不會承受壓力，也就無隙可乘，當然也無計可施了。

善閉無關楗而不可開，善結無繩約而不可解。

人生路上兩大事，一在存全自我，二在成就天下。存全自我要「閉」，成就天下要「結」。關閉門窗用以保護自身的安全，約束結交用以開拓天下的功業。問題在，「閉」會自閉，「結」成死結，不僅別人進不來，自己也出不去，等同自我禁閉。而

「結」的本質，不是朋友要做朋友叫結交，不是盟邦想做盟邦是為結盟，不是兄弟要做兄弟叫結拜，不是夫妻想做夫妻是為結髮。此相識滿天下的結果，在心有千千結，親情友情愛情，每一段情在心底打一個結，且成了無解的死結。

根本問題在，有形的門鎖跟繩約，不僅會有形同自閉打成死結的負作用，且可能有被破解被剪斷的後遺症；還不如無心自然的善閉善結，「善」在哪裡，在無關鍵、無繩約，我不用有形的門鎖來保護自己，也不用有形的繩索去綁住對方，一者不會在災難臨頭時反而讓自己出不去，二者也不會在道義相挺時迫使對方解套脫困而去。因為他被綁住被套牢，失去了自在的天空。

是以聖人常善救人，故無棄人；常善救物，故無棄物。是謂襲明。

聖人生百姓救天下人，所謂的善救，在無棄人無棄物，沒有人被遺忘，沒有物被拋棄。而這樣的整體得救，要如何成為可能？老子給出的答案在，以每一個人物的天生本善來救，讓每一個人物回歸他的本德天真，人人找回失落的自我，實現真實的自我，那豈不是人人同時得救，不救也救了嗎？老子無為而治的大智慧，就在此凸顯他的光采。所謂的「襲明」，就是順任我們內心的明鏡，去照現對方的本來面貌，在看到他的同時，讓他得救重生。

故善人者，不善人之師；不善人者，善人之資。不貴其師，不愛其資，雖智大迷，是謂要妙。

而人間世的人我互動，善與不善的分別，本質上僅是不同的善，所以善人是不善人的老師，不善人是善人的資藉，根本上是互為師資，而以虛靜如鏡的心，在相互觀照間，照現對方的美善。人人本自具足，人人自在天真。不執著自身「師」的高貴，也不執著對方成了自身志業的資藉。「貴其師」有如門鎖的自我保護，「愛其資」有如繩約的綁住別人，這樣的人縱使有再高的聰明才智，也是大大的迷惑。所以，人生在世要有「無」的智慧，無關鍵無繩約，不貴其師不愛其資，人人皆得救，才是大智慧的「善」。

第28章

知雄守雌的復歸嬰兒

英雄志業，本在清靜無為。

知其雄，守其雌，為天下谿；為天下谿，常德不離，復歸於嬰兒。知其白，守其黑，為天下式；為天下式，常德不忒，復歸於無極。知其榮，守其辱，為天下谷；為天下谷，常德乃足，復歸於樸。樸散則為器，聖人用之，則為官長，故大制不割。

道家思想過於消極嗎？相對於儒家的「士志於道」與「任重而道遠」來看，老子「守柔居弱」與「處下不爭」的應世哲學，相形之下顯得保守許多。不過，清靜無為不是在實有層次退讓放開，而是在作用層次解消執著。此由心知的化解作用，而獲致作用的保存，故三十七章云：「道常無為而無不為。」「無為」看似消極，卻生發「無不為」的妙用，這不是消極，而是智慧。

知其雄，守其雌，為天下谿；為天下谿，常德不離，復歸於嬰兒。

「知其雄，守其雌」的「知」，當「主」來解。知縣、知府，就是擔負縣、府之政務的地方官；而雌雄相對，雄主動，雌守靜，若問一句：要如何開拓英雄志業？答案在：守住清靜無為。而這樣的生命意態，有如天下的谿谷一般，以其虛空自守，給出了包容萬物的空間，天下萬物在此落地生根，不必流落天涯。人人保有天真本德，而回歸嬰兒般的純真。「常德」是存有論的詞語，指涉與生俱來人人皆有的天生本真，「常德不離」意謂走在人生成長路上，從未走離童心天真。「復歸」則是工夫論的字眼，意謂人間行走，可能因人為造作而流失天真，故以修養工夫來補救，而重新保有天生本真的常德。

知其白，守其黑，為天下式；為天下式，常德不忒，復歸於無極。

《王弼本》在「知其白」下，有「守其黑，為天下式；為天下式，常德不忒，復歸於無極。知其榮」的一段話，今根據《莊子・天下篇》的「知其白，守其辱」與《道德經》四十一章的「大白若辱」來進行比對思考，此二十三字可能為後人傳抄時所增補，誤以為「知其白」一定要與「守其黑」對，而不知「辱」的本義就是「黷」。另章即說「大白若辱」，足見白與辱相對，故此一增補即顯多餘。且「為天下式」，與谿、谷之比喻不合，式為法式，嫌其抽象；而「常德不忒」，忒是差誤，亦遠不如「常德不離」、「常德乃足」的樸質；「復歸於無極」插身在「復歸於嬰兒」與「復歸於樸」之間，不僅不類，更顯突兀。故這段增補，未見其功，反成累贅。

知其榮，守其辱，為天下谷；為天下谷，常德乃足，復歸於樸。

刪去此後人增益的二十三個字，上下文連結成「知其白，守其辱」，意謂如何開顯人間的光明，本在守住陰暗的角落。「不自見故明」（二十二章）的「不自見」，就是「守其辱」，「故明」則是「知其白」；而「大白若辱」，意謂真正的光明把自身隱藏在陰暗的角落裡。這樣的退守隱藏，有如山谷的虛靜，給出萬物成長的空間，讓人人自足於本有的常德，如同回歸樸實鄉土般的自在。

「復歸」不是走回頭倒退的路，而是前進中的超越；「嬰兒」不是童稚無知，而是天真無邪；「樸」不是蠻荒蒼涼，而是樸質無華；這是修養工夫的向上回歸，化絢爛為平淡的境界朗現。

樸散則為器，聖人用之，則為官長，故大制不割。

「樸」有如道體的「無」，似一塊未經雕琢的原木，停留在什麼都不是的純樸；而樸質一散開，打造而成各有所用的眾器，所以說「樸散則為器」。老子以眾器來譬喻百官，眾器之本在「樸」，所以聖人治理天下，也要回歸天下萬物所從來的「道」體。聖人依據道體的樸，來統領百官，是為百官之長。百官依循制度各有職責，不論分層負責與分工合作，總是割裂；聖人根據「道」之「樸」治理天下，統合制度割裂下的百官，而回歸道體的一體無別，這一無心無知、無為也無不為的「道」之體制，就是「大制不割」，它可不消極，而是最簡易而高明的大智慧，因為它永不割裂。

第29章

天下神器的不執不為

天生自然，哪容人為隨意揮灑。

將欲取天下而為之，吾見其不得已。天下神器，不可為也，不可執也。為者敗之，執者失之。故物或行或隨，或歔或吹，或強或羸，或挫或隳。是以聖人去甚，去奢，去泰。

將欲取天下而為之，吾見其不得已。

老子此章開宗明義，對普天之下意圖打天下而據為己有的人，給出一個斬截的論定與智慧的告誡，「吾見」是依我看來，「不得已」意謂那是不可能的狂想曲。「不得」是做不到也成不了，「已」是句末助詞。「將欲」是有心，「而為之」是有為。有心的取天下與有為的治天下，不僅是不可能的任務，且會有適得其反的後遺症。

天下神器，不可為也，不可執也。為者敗之，執者失之。

因為「天下神器」，器是有形的器物架構，神則是無形的道體虛用，此神在器中，猶如「樸散則為器」（二十八章），道體素樸散開而內在於萬物之中，猶神用無方的引導天地萬物的自然走向。「樸」無形無名，「神」亦無形無名，神化入器中，既是道體神妙的組合，當然沒有人為揮灑的空間，所以說「不可為也」。此「不可為也」下疑脫漏「不可執也」四字，《王弼本》有云：「可因而不可為也，可通而不可執也。」故據以增補。

問理由何在？不可為的理由在「為者敗之」，不可執的理由在「執者失之」。執者是心知的執著，為者是人為的造作，已悖離了「道法自然」的形上理則。本來，為者意在求成，執者意在求得，何以求成反而落敗，求得反而失去呢？道理一如「飄風不終朝，驟雨不終日」（二十三章）與「企者不立，跨者不行」（二十四章），執著造作有心有為，即使是天地也不能長久，何況是人呢？天下本是神器，誰想取天下，誰想為天下，總難逃適得其反的結局。

故物或行或隨，或歔或吹，或強或羸，或挫或隳。

所以，天下萬物立足人間，一如為者的或成或敗，與執者的或得或失，此成敗得失皆屬心知執著的價值二分，在民間世俗的相互牽引之下，有人行於前，就有人隨於後；有人歔而暖之，就有人吹而寒之；有人益而強之，就有人損而羸之（羸，弱之意）；有人載而成之，就有人隳而毀之。此說解來自蘇轍的《老子解》。「挫」，《河上公本》作「載」，載當「安」解，與「隳」當「危」解，正好相對。人間一正帶來一反，所謂的平反，就是維繫平衡的意思，終究徒勞無功，白忙一場。

是以聖人去甚，去奢，去泰。

你紅花我綠葉，你拇指往下倒，我拇指向上挺，在相反中求平衡，還真是「同是天涯淪落人，相逢何必曾相識」呢！此所以老子最後拋下了「去甚，去奢，去泰」的勸言，此三者一如無心、無知、無為，要天下人不為已甚，別過分，也不要越界，不過於奢侈，也不求享樂，道法自然而已！

主導幾千年來歷史走向的文化傳統，不是以宗教救人，而是以政治救人，此之謂外王事業，是以諸子百家都崇尚聖人。聖人與賢者的區分，就在內聖的修養，一定要實現外王的理想；而賢者的德行，僅在安頓自家的生命而已！儒家要以人文教養，來化成人性自然；道家則是跳脫人文禮教，而回歸自然樸質，皆是以政治救人的外王思想。

第30章

兵強天下的其事好還

用兵強霸天下，總會還報自身。

以道佐人主者，不以兵強天下，其事好還。師之所處，荊棘生焉；大軍之後，必有凶年。善者果而已，不敢以取強。果而勿矜，果而勿伐，果而勿驕，果而不得已，果而勿強。物壯則老，是謂不道，不道早已。

儒家德性心的自覺，是生命的實理；道家虛靜心的觀照，則是心靈的虛用。故儒學之道在實理的創造，顯直下擔當的陽剛氣象；道家之道在虛用的鏡照，顯歸根復命的陰柔面相。

以道佐人主者，不以兵強天下，其事好還。

這是《道德經》論說用兵的少數篇章之一，承上章「將欲取天下而為之，吾見其不得已」的理路，問何以不可能，理由在「天下神器，不可為也」，而人為造作之最大，就在圖謀以兵團武力打天下，兵凶戰危，完全悖離了道法自然的生成原理。

體道之士以「道」輔佐人主治國，而不會以兵強霸天下，老子給出的理由在「其事好還」。在天下分裂縱橫捭闔的年代，用兵的殺傷力，一定會還報到自家的身上，有如兩面刃的刀，砍向對方也會回傷了自己。

師之所處，荊棘生焉；大軍之後，必有凶年。

凡是大軍所到之處，一定是滿地荊棘，哀鴻遍野。戰火延燒之後，一定帶來災荒的年歲，城市固形同廢墟，農村也直如荒地，天下人民當然無家可歸而流落天涯。

善者果而已，不敢以取強。

問題在，列國間總要維持相當兵力以自我防衛，否則在合縱連橫的交錯間，一有挑釁來犯，豈非如入無人之境！故兵備是治國不可或缺的一環，老子教導我們的基本原則在「善有果而已」。依道家義理，無心自然為善，「有果」是「無為而無不為」的直接效應，讓其他諸侯國不敢輕啟戰端，而可以和平共處。

此《王弼本》以「濟難」說「有果」，即發揮了防患於未然的化解功能。俞樾認為「有」係「者」之形近而誤，當作「善者果而已」，即用兵之善者，僅求救濟危難而已，而自家從來不敢藏有「取強」的狂妄念頭。七十三章云：「勇於敢則殺，勇於不敢則活。」原來真正的「勇」，在於無心無為的不敢，而預留人我之間的活路；若以有心有為的「敢」為勇，則天下人必走向同歸於盡的死路。

果而勿矜，果而勿伐，果而勿驕，果而不得已，果而勿強。

底下連言「果而勿矜，果而勿伐，果而勿驕，果而不得已」，邊境重兵布防，重在擺出不容侵犯的姿態。「果」有如「作用的保存」，生發了嚇阻的作用，而保存了一國之民的安全，根本未有強霸天下的意圖。故不敢狂傲驕矜，自恃誇大，僅是不得已的回應。所謂「不得已」，是戰爭由對方發動，自家既不能讓它不發生，被迫應戰而已。這一段話最後以「果而勿強」作結。《竹簡本》其上有「是謂」二字，更點出了「果而勿強」是總結語。此「強」字，與「不以兵強天下」跟「不敢以取強」，做出呼應，而貫串全章。

物壯則老，是謂不道，不道早已。

末段老子回歸人生日常，做一普遍性的落實論定，人生在世，倘若心知執著了雄霸壯大的英雄氣與優越感，一定會由執著轉痴迷，再走向熱狂，而加速了生命的老化，此一由壯而老，不是少中老的自然行程，也不是對生命強度轉衰的現象描述，而是對心知執著與人為造作的反思。「物壯則老」就是人為造作的適得其反，不論是「兵強」，還是「物壯」，皆欠缺了內斂涵藏的工夫修養，奔競爭逐打天下，而墮入了「以兵強天下」的魔道。「不道」是悖離了道法自然的生成原理，「早已」就是早亡，注定了加速走向衰亡的命運，如同「飄風不終朝，驟雨不終日」的難期長久。

第31章

兵者不祥的勝而不美

不得已而用兵，沒有凱旋只見傷痛。

兵者不祥之器，非君子之器，不得已而用之，恬淡為上。勝而不美，而美之者，是樂殺人。夫樂殺人者，則不可得志於天下矣。夫唯兵者不祥之器，物或惡之，故有道者不處。君子居則貴左，用兵則貴右；吉事尚左，凶事尚右；偏將軍居左，上將軍居右，言以喪禮處之。殺人之眾，以哀悲泣之；戰勝，以喪禮處之。

此章《王弼本》全篇無注，不知是如朱謙之《老子校釋》所稱是諸多注語已混入經文，還是王弼加入了批判的行列，彰顯自家對政治野心家發動戰爭的強烈反感。

本章依高亨《老子正詁》對《王弼本》做了上下文的更動，把原擺列在經文中段的「兵者不祥之器」至「不可得志於天下矣」移至篇首，如是「君子居則貴左，用兵則貴右」才能與後段之「吉事尚左，凶事尚右，偏將軍居左，上將軍居右」銜接連貫而一體成形。此不擅改經文，也不輕易斷定何者為經文，何者為注語，僅在上下文之間做了最簡易的調整，卻顯現了最高明的效果，讓全篇理路分明而清晰可讀。

《道藏・張太守彙刻四家注》在章末引《王弼本》：「疑此非老子之作也。」可能因上下文間語氣斷隔，理路不通所作的印象式與感受性論定，實則，此章延續了上章「兵強天下，其事好還」的義理脈絡，並有進一層的伸展發揮。

兵者不祥之器，非君子之器，不得已而用之，恬淡為上。

兵之所以不祥，在其殺傷力，《莊子・人間世》云：「國為虛厲，身為刑戮。」正是對戰火延燒的慘酷描述，有德之人當然不該假借它作為擴大版圖強霸天下的利器。在不得已的境況下用兵，自以無心無為的恬淡為上，僅求「濟難」而已。

勝而不美，而美之者，是樂殺人。夫樂殺人者，則不可得志於天下矣。夫唯兵者不祥之器，物或惡之，故有道者不處。

應戰無心，「果而勿強」，即使獲致勝利的戰果，心中也不以為是美事一樁，若得意慶功，等同以殺人為自家的成就，這樣的人是不可能得到天下人的支持擁戴，怎能強霸天下呢？此「不可得」亦含有「不當」的價值判斷，因為軍事武力超強的諸侯國，是有可能一統天下，惟難逃「樂殺人」的罪名加身，有如戰犯般當接受天下民心的審判，就算是得意於一時，亦不可能長久治理天下，秦王朝十五年而亡其國，不就是最好的寫照嗎？「夫佳兵者不祥之器」，依考據家王念孫所說當是「夫唯兵者不祥之器」，而與下文「故有道者不處」構成「夫唯……，故……」的表達語式，如「夫唯不爭，故無尤」（八章）。兵既不祥，天下人尚且不想碰觸假借，何況是有道人呢？

君子居則貴左，用兵則貴右；吉事尚左，凶事尚右；偏將軍居左，上將軍居右。言以喪禮處之。殺人之眾，以哀悲泣之；戰勝，以喪禮處之。

此段即從家居日常的「生」活，而與戰爭的「死」亡，做出對比，家居以左為貴，用兵以右為貴，此左右兩路有如生死的兩界，家居是生，用兵則死，生是吉，而死是凶，偏將軍之所以是居左的吉，是因為殺人較少，上將軍之所以是居右的凶，是因為殺人太多，故直接「以喪禮處之」來對應「殺人之眾」的上將軍。殺人既多，當滿懷哀傷而為受難者哭泣，故全篇就以「戰勝，以喪禮處之」作結。

孟子有云：「善戰者服上刑。」老子亦云：「戰勝，以喪禮處之。」儒道兩家對戰國時代「用兵不止」的亂象，給出了同聲的譴責。

綜觀全章，與老子「清靜無為」的政治思想，「處下不爭」的人生智慧，完全相應，自不必有「此非老子之作」的疑慮。

第32章

始制有名的知止不殆

道在什麼都不是的「無」中，深藏什麼都是的「有」。

道常無名，樸雖小，天下莫能臣也。侯王若能守之，萬物將自賓。天地相合，以降甘露，民莫之令而自均。始制有名，名亦既有，夫亦將知止，知止可以不殆。譬道之在天下，猶川谷之於江海。

道常無名，樸雖小，天下莫能臣也。

老子思想的形上道體，既是保證萬物存在的終極原理，又是人間一切價值的根本源頭。此所以政治人生的靈動智慧，依據就在吾人對天道的親切體會。

天道要合理的解釋萬物的存在，就得先合理的解釋自己的存在。一者，「道法自然」(二十五章)，道本身的存在是自己如此，獨立而不改，所以有其恆常性；二者，「道可道，非常道」(一章)，道超越在萬物之上，無形也無名，人間一切語言文字的抽象概念，都不足以描述道體的存在。這是「道常無名」開宗以明義的道理所在。

道無名不可說，好像什麼都不是，這一「什麼都不是」就是「樸」。原木未經雕琢，猶未成器，當然什麼都不是。問題是，在什麼都不是的「無」中，卻深藏什麼都是的「有」。從什麼都不是的「無」，說它是「小」；從什麼都是的「有」，說它是「天下莫能臣也」。天道是萬物的生成原理，當然沒有人可以支配它。所以，道最小，同時也最大。

侯王若能守之，萬物將自賓。

侯王聖人要生成百姓，當然得守住常道的無名之樸。不雕不琢的「樸」，就是無心無知的無為之治。侯王自己什麼都不是，而留給百姓什麼都是的空間。「萬物將自賓」，「賓」當動詞用，侯王無為，不落在主客相對中，萬物自我接待，少了侯王的宰制安排，萬物也就可以自在自得，賓至如歸，好像回到自己的家一樣的閒散適意。此一道理，可與「聖人不仁，以百姓為芻狗」（五章）相印證，聖人無心，放開百姓，讓每一個人走出自己想走的路，活出自己想要的內涵。這就是首章所謂的常道、常名。

天地相合，以降甘露，民莫之令而自均。

原來，天地生萬物跟聖人生百姓的生成原理，就在以「不生」的方式來「生」，而讓萬物跟百姓「自生」。自在自得就是天下萬物自己生自己，我的「在」、我的「得」，都從自己來，此之謂「自然」。而這一「自生」，是在「天地相合，以降甘露」的交感和合中展開，天地自然給出滋養生命的甘泉，「民莫之令而自均」，天下人民在沒有人為的干擾之下，生命皆得以維繫自然的均平。

始制有名，名亦既有，夫亦將知止，知止可以不殆。

問題出在，「始制有名」，人間社會群居共處，就得建構制度，且在制度中運作。

「名」是名分，也是職責，既分工合作，又分層負責，此一規劃區隔，一定會帶來割裂的後遺症，而失去了本來一體的和諧。所以「名亦既有」，在制度名號構成確立之後，要如何避免割裂的病痛，而保有整體的和諧？老子開出的藥方是「夫亦將知止，知止可以不殆」。要將名號止於何處？看全文脈絡，當然是止於無名之樸的常道。

二十八章云：「樸散則為器，聖人用之，則為官長，故大制不割。」此樸散為器，有如始制有名，聖人用樸統合百官，亦如侯王守住無名之樸，而大制不割，也就是「知止可以不殆」了。

譬道之在天下，猶川谷之於江海。

末段做一文學譬喻的總結，「譬道之在天下，猶川谷之於江海」，天下萬物離不開道體，就如川谷的水總要匯歸於江海一般。所以政治人生的進路，就在回歸自然。

第33章

自知自勝的知足久壽

知人勝人流落於外，回歸自我總能長久。

知人者智，自知者明。勝人者有力，自勝者強。知足者富，強行者有志。不失其所者久，死而不亡者壽。

知人者智，自知者明。

「智」與「明」，一如「可道」與「常道」，「可名」與「常名」，皆是超越的區分。「智」是有執著、有分別的心；「明」是心的虛靜觀照，無執著、亦無遮蔽，直接看到天下的真相，與人間的真情。就道家言，看到等同生成，是為照現。

心的虛靜觀照，不僅「自知者明」，抑且「知常曰明」（十六章）。故「自知」即可「知常」，自我與天下，一體朗現；「知人則智」，此猶如智多星之流。「知人」，是分析人的長處與弱點，甚至建立檔案，在重要時刻，藉以利用與威脅。故「智」近於世俗的精明，與權謀的算計；對於生命的真實美好，完全不在意，也完全看不到。心中只有名利、權勢，逼自己走上打天下的行列，不但害了自己，也傷了天下，看似精明，實則愚昧。人生的問題，不在你看到了什麼，而是你用什麼眼光看！是「明」照，還是「智」計！前者是回歸自然的生成，後者是流落天涯的毀壞。

勝人者有力，自勝者強。

此表述語式與上句話幾乎等同，只是關懷的主題由「知」轉為「勝」而已。「勝人」與「自勝」，也是超越的區分，前者有心、有為，後者無心、無為；有心有為，爭逐天下，無心無為，回歸自我。「有心」在打造強者的形象，「有為」在以勝人來證明。

五十二章云：「守柔曰強。」「無心」不想打造什麼，「無為」也無須證明什麼，看似柔弱，實則是真正的剛強。因為，無求於外，就不必迎合世俗，也不用討好權貴；反而可以守著真實的自我，活出生命的美好。故所謂「自勝」，從消極言，要克制我心的狂野；從積極言，要不斷的自我超越。

從「自知」到「自勝」，在自我的照現中，超越自我，這才是真正的高「明」，與真正的「強」者。

知足者富，強行者有志。

前三句話皆兩兩相對，連貫下來解讀，「知人」、「勝人」是「強行」；「自知」、「自勝」是「知足」。若要語式一致，第一句話「知人者智」，在「智」之上加一「有」字；如是，「知人者有智」，「勝人者有力」，「強行者有志」，連讀下來，語意更加清晰。

且第三句，「知足者富」，「知」字若修正為「自」，如是，「自知者明」，「自勝者強」，「自足者富」，連讀下來，顯得更有氣勢。且「自足」比諸「知足」，語意會更加明確；因為說「知足」，不知足於何處？「自足」則意謂足於自身生命的美好，此不僅明確，更是精當。

從「有智」、「有力」與「有志」一貫而下的語文脈絡來看，「強行者有志」不可能做正面的詮釋，呂吉甫注云：「有自知之明，則知萬物皆備於我，而無待於外慕也，故曰：知足者富。有自勝之強，則於道也勤行而已矣，無事他求也，故曰：強行者有志。」此由「自知」說「知足」，由「自勝」說「強行」，說解不當。

或許以經解經，可得確解。三章云：「虛其心，實其腹；弱其志，強其骨。」既然要虛掉心知的執著，削弱人為的造作，而回歸腹骨的天生自然，怎麼會去鼓動天下人要「強行」，以證明自己「有志」呢！

再就「心使氣曰強」（五十五章），與「專氣致柔」（十章）對看求解，「心知」任使氣，鼓動氣，而以強者的姿態出現，此「心知」的介入與干擾，妨害了生命之氣的自然流行。落在當代的體會而言，氣承受自「心知」轉嫁而來的壓力，會出現心律不整、呼吸不順、消化不良、內分泌失調等諸多病徵，正是「心使氣曰強」所拖帶出來的後遺症。人生的困苦，既由「心知」帶出來，工夫也當在心上做。「專氣」是要求「心知」退出，還給「氣」自在的天空，而讓「氣」回歸「氣」的自身；「致柔」就是回歸生命之氣的平靜與和諧。

此生命柔和而一體和諧，是真正的強，沒有弱點也不被打敗的強，故謂：「守柔曰強。」三十六章又云：「柔弱勝剛強。」此言人生處世的心態，無心無為的柔弱，比有心有為的剛強，高明得多，因為不會引來抗爭、對決。凡此皆看不出老子會有「強行者有志」的正面論定。

「知足者富」，「知」不是認知，而是體悟；人生要有足於自身的體悟，足於自家的天生本真，此生再無缺憾，不假他求，這樣的人生才是真正的富有。不知足於自身的人，就會人為強行，加上「有志」的造作，注定了一生的流落，一世的漂泊。

不失其所者久，死而不亡者壽。

末段上承前三句，兩兩相對的超越區分，而做出總結。此「所」，乃道根德本之所；由「自知」、「自勝」到「知足」，在自我的照現、自我的超越中，自我完足。什麼都有了，什麼都不欠缺，一切可以放下，因為一切都已在這裡，生命在道根德本之所，找到了終極的安頓。因為是最高的「極」，所以是最後的「終」，當然不會流離失所，而可以長久。生命若落在人間街頭，名利權勢的奔競爭逐，每天都重新洗牌而流轉不定，美好總是短暫而幻化成空，不如回歸童年的天真與鄉土的素樸，在「常德不離」中「常德乃足」（二十八章），不離天生本真，也就足於生命自身了。

「死而不亡者壽」，此非文字遊戲，既云「死」，又說「不亡」，豈非矛盾！實則，老子認為「死」是「身」的事，「亡」是「心」的事；死亡會成為傷痛，根本不在「身」死不死的問題，而在「心」亡不亡的問題。

「心」不執著「生」，「死」就不會闖入心中，成了生命的傷痛跟陰影。故不生，所以不死。從「身」而言，「死」即「亡」；從「心」而言，「死」可以「不亡」，「不亡」也就「不痛」了。「身」會死，而「心」總是不亡，死就不再能壓迫我們，傷痛就此遠離，而陰影也就消散了。既然「死而不亡」，人生路上的每一個當下，不都是天長地久的「壽」嗎？

總括全章，人在道根德本的生命終極之地，既不失其所，又死而不亡；而在名利權勢的人間奔競之場，既失其所，又死而亡。不亡在自知、自勝與知足的不失其所；亡在知人、勝人與強行的失其所。人有心、有為，什麼都在流轉變動中，什麼都是短暫，什麼都是假象，生命漂泊而無家可歸；人無心、無為，人物自在天真，人間一體和諧，沒有什麼會流轉變動，也沒有什麼不是長久，更沒有什麼不是真實。既不失其所，也就「死而不亡」，根本在「道」的體現。若走離了「道」的自然天真，就什麼都定不住，什麼都在漂流中，人生的久壽也成了不可能的夢想了！

第34章

大道名小的自成其大

大道無所不在，就在每一個人生命的周遭。

大道氾兮，其可左右。萬物恃之而生而不辭，功成不名有，衣養萬物而不為主。常無欲，可名於小；萬物歸焉而不為主，可名為大。以其終不自為大，故能成其大。

大道氾兮，其可左右。

大道無名，看似「小」，萬物皆從道來，則是「大」。此小大不是在比較串系中，對顯而有；而是從道體本身的「無」說「小」，再從道體本身的「有」說「大」，所以，道體是「小」又是「大」。

就因為道體沖虛，所以妙用無窮，它沒有自己，反而可以無所不在，有如水一般，與萬物同在同行，這就是「大道氾兮，其可左右」的意涵。道內在於萬物，有如守護神般伴隨在萬物的周遭。

萬物恃之而生而不辭，功成不名有，衣養萬物而不為主。

「萬物恃之而生而不辭」，此語有兩層意思，一是萬物恃之而生，「之」當然指涉道體；二是道生而不辭，主詞在此由「萬物」轉為道體，而道體生萬物又「不辭」。關鍵在，「辭」當何解？李息齋注云：「萬物非道不生，而道未嘗言其能也；萬物非道不成，而道未嘗自名其功也；萬物非道不養，而道未嘗自以為主也。」依李息齋注則「辭」當「言辭」解。此似乎亦可成一說；然第二章云：「萬物作焉而不辭。」「作」當「生長」解，「辭」依《王弼本》所云：「大人在上，居無為之事，行不言之教，萬物作焉而不為始。故下知有之而已。」此引第二章經文，以解十七章篇首所云的「太上之治」，是則「不辭」當作「不為始」解，文義順通，且可與下文之「不名有」做出區隔。

「功成不名有」，易順鼎依《文選・辨命論注》引「功成而不有，愛養萬物而不為主」，而給出「今王本『功成不名有』當為『功成而不有』，『名』字衍」的論定。實則功成不名有，義理亦可說解，道生成萬物，卻「未嘗自名其功也」，「名」是心知執著的產物，「不名有」就是心知不執著功成而歸自己所有。

「衣養萬物而不為主」，「衣」，《河上公本》作「愛」，說養萬物而出於愛心，問題在，道體本無心自然，所謂「天地不仁，以萬物為芻狗」（五章），不仁是無心，天地放開萬物，讓萬物自生自長，「衣養萬物」如同天無不遮覆，地無不乘載般的生養萬物，卻又「不為主」，既無心放開，就不會推尊自己而宰制萬物。

依據「生而不有，為而不恃，長而不宰，是謂玄德」（十章、五十一章）的基本範型來看，「萬物恃之而生而不辭」，相當於「生而不有」；「功成不名有」相當於「為而不恃」；「衣養萬物而不為主」相當於「長而不宰」。「不有」才真正完成了「生」，「不恃」才真正做成了「為」，「不宰」才算真正的「長」成。三者結合謂之「玄德」，是為天道生成萬物的作用。本章的表述，多了一點曲折，不是那麼直接明朗。

常無欲，可名於小；萬物歸焉而不為主，可名為大。

底下就從道體的「不為始」、「不名有」與「不為主」，歸結為「常無欲」，道體恆常無心自然，沒有自己想要什麼的意圖，故從「常無欲」的「無」說是「小」，又從「萬物歸焉」的「有」說是「大」，而「不為主」的放開成全，則下貫「終不自為大」的形上智慧。

以其終不自為大，故能成其大。

《河上公本》作「是以聖人終不為大」，則由理論哲學轉為實踐哲學，人道秉承天道，「不自為大」是心知化解的作用，「成其大」則是作用的保存。「自為大」是心知的執著與人為的造作，「不自為大」既解開自家的執著負累，又消除了人為造作對天下萬物所帶來的壓力，這樣反而可以長久的成其為大。七章云：「以其不自生，故能長生。」「不自為大」就是「不自生」，「成其大」就是「長生」，不把「生」封限在自身，就可以給出空間，長久的生萬物了。

第35章

道淡無味的用之不盡

回歸天道自然，天下人自來歸往。

執大象，天下往；往而不害，安平太。樂與餌，過客止。道之出口，淡乎其無味，視之不足見，聽之不足聞。用之不足既。

執大象，天下往；往而不害，安平太。

道體超越在萬物之上，它本身是「無」，無是無限；也因為是「無」，所以可以無所不在，「大道氾兮，其可左右」就是道體內在於萬物之中，而保證萬物的存在，從工夫論而言，人生路上要做體道的功夫。

道內在於萬物，是天生本真的「德」，故人通過「復歸於嬰兒」的天真本德，而與道一體連線。所謂「執大象」，有如「執古之道」（十四章），「執」是虛說，因為道體相對於物象形狀而言，是「無狀之狀，無物之象」（十四章），且「大音希聲，大象無形」（四十一章），當然是不可執也，不可為也。

大象本不可執，今謂「執大象」，意謂回歸道體的生成作用中，「天下往」則帶動了天下人自來歸往的政治效應，何以故？因為「往而不害，安平太」，「太」另本作「泰」，天下人來此清靜無為的國度，在鄉土素樸中，不會受到人為的干擾，不會妨害時令節氣的日常行程。

「安平太」，王引之《經傳釋詞》云：「安猶於是也，乃也，則也。言往而不害，乃得平泰也。」此「安」當轉接詞，「不害」僅是消極的說不構成妨害。李息齋注：「往而不害，與道俱也。既與道俱，往不離道，無所不安，無所不平，無所不泰。」此說則安、平、泰三者並列，對「不害」做出具體的描述。「安」是自我形體的「安」，「平」

是人間天下的「平」，「泰」則是心靈的適意與精神的釋放，讓天下人自在自得。

樂與餌，過客止。

樂舞是有聲之聲，酒宴是有味之味，直接訴諸官能的感受，真的是魅力無法擋，故引來天涯過客在此歡笑作樂。「止」是停留，而且留連忘返。此處將道體的無聲無形，與人間街頭的樂舞與酒宴，做一對比。

道之出口，淡乎其無味，視之不足見，聽之不足聞。用之不足既。

而「道之出口」，道體的自我展現，卻是「淡乎其無味，視之不足見，聽之不足聞」，道體本身自然平淡，少了人為加工，未見五色、五音、五味的炒作變調，其存在樣態是「無味之味」的真味，「無色之色」的本色，「無聲之聲」的原音，故「視之不足見，聽之不足聞」，「足」另本作「可」，看也看不見，聽也聽不到，此十四章有云：「視之不見名曰夷，聽之不聞名曰希，搏之不得名曰微，此三者不可致詰，故混而為一。」通過官覺的進路，是問不到道體是什麼的究竟解答。

此李息齋注：「味無味之味，視無色之色，聽無聲之聲，用無用之用，即於形器之間，全收道用，此其所以安平泰也。」要如何味無味之味，視無色之色，聽無聲之聲？有形的官覺，僅能味有味之味，視有色之色，聽有聲之聲；惟有無形的心靈，可以體會道生成萬物的「無用之用」。

「用之不足既」，「既」當「盡」解，意謂體現道體生成萬物的無窮妙用，而與篇首「執大象，天下往」有一前後的呼應，與一體的連貫。

第36章

將弱固強的微明洞見

人生處世，柔弱遠比剛強好得太多。

將欲歙之，必固張之；將欲弱之，必固強之；將欲廢之，必固興之；將欲奪之，必固與之，是謂微明。柔弱勝剛強，魚不可脫於淵，國之利器，不可以示人。

本章的詮釋，在語文脈絡的義理解析之外，還要以整部《道德經》的思想體系，做為理解的依據。

將欲歙之，必固張之；將欲弱之，必固強之；將欲廢之，必固興之；將欲奪之，必固與之，是謂微明。

此四組相對二分的價值觀念，歙張、與奪是應世的態度，強弱、興廢是存在的樣態。心知執著的價值分判，帶出行為的趨避，「將欲」是適得其反的生命走向，「必固」是執著造作的意志堅持，「固張」引來「將歙」，「固強」引來「將弱」，「固興」引來「將廢」，「固與」引來「將奪」。

一直要張開，就會轉向歙合；一直要剛強，就會轉向衰弱；一直要興旺，就會轉向荒廢；一直要給與，就會轉向奪取。此由「必固」看出「將欲」，是智光明照的洞見。「微明」是「見小曰明」（五十二章），在細微處，看到未來的走向。此與《易傳》「知幾其神乎」，可以相互發明，彼此印證；「幾」就是「微」，而「神」就是「明」，「神」與「明」皆指謂生命主體的觀照智慧。

若在「將欲」與「必固」之間，加進了動機論來解釋，成了「目的」與「手段」的連結，無可避免的導出權謀算計的疑慮，整段的解讀就完全改觀。為了要它閉合，就一直讓它張開；為了要它衰弱，就一直讓它強盛；為了要它荒廢，就一直讓它興旺；為了要奪取它，就一直給與它。此一說法，很理所當然的將陰謀家的冠冕，套上了老君的頭上。如程明道所云：「予奪、歙張，理所有也；而老子之言，非也。與之之意，乃在乎取之；張之之意，乃在乎歙之；權詐之術也。」章太炎亦據此，論定為權謀語，云：「歷來承平之世，儒家之術足以守成，戡亂之時即須道家，撥亂反正非用權謀不可，老子之真實本領在此。」

可能為了避開這一解讀之下的權謀誤判，王純甫注云：「將欲云者，將然之詞也；必固云者，已然之詞也。造化有消息盈虛之運，人事有吉凶倚伏之理。故物之將欲如彼者，必其已嘗如此者也。將然者，雖未形；已然者，則可見。能據其已然，而逆覩其將然，則雖幽隱，而實明白矣。故云是謂微明。」此解已悖離老子主體修養的生命進路。老子雖說：禍福相倚相伏，猶如一門之隔，卻在「孰知其極」的提問中，給出「其無正」（五十八章）的解答。問禍福之間的分界線在哪裡？老子認為不可能有客觀性的標準答案。

禍福榮辱，成敗得失，均是心知執著的相對二分，人生的困苦就在這一執著分別中患得患失，不僅失是患，得更患。惟在生命主體的虛靜明照中，超離吉凶禍福的截然二分，不執著，無分別，不比較，無得失，壓在心頭的無邊大患就可以消散了。故十六章云：「知常曰明，不知常，妄作，凶。」「明」，是致虛守靜的觀照作用；「知常」，不是認知自然現象的變化軌跡，而是照現了「常德不離」、「常德乃足」（二十八章）的「天生本真」。「不知常」，是心知的執著；「妄作」，是人為的造作；「凶」，是執著造作的適得其反。故重點不在從「必固」之自然造化的消息盈虛中，去推斷「將欲」之人事遇合的吉凶倚伏；而在從「必固」之心知執著的人為造作中，看到「將欲」之適得其反的後果。

憨山大師也進一步注解：「日之將昃，必盛赫；月之將缺，必極盈；燈之將滅，必熾明：斯皆物勢之自然也。故固張者，歙之象也；固強者，弱之萌也；固興者，廢之機也；固與者，奪之兆也。」此解或可為老子解套，卻完全落在物勢之自然來詮表，將老子主體生命的靈動智慧，轉為物理現象的自然因果。日將偏斜，一定是日正當中的盛赫；月將殘缺，一定是月圓時候的極盈；燈將熄滅，一定是火光閃現的熾明。物理現象如是，人文情態亦然。固張就是將合的跡象，固強就是將弱的萌芽，固興就是將廢的轉機，固與就是將奪的徵兆。此說已近於當代科學的現象因果了。

不管是解以造化盈虛，或歸之物勢自然，都是將此章從主體生命的修養進路，導向氣化現象的自然因果。這樣的理解看似善巧，實則是價值的失落。將「為道日損」的道行，轉為「為學日益」（四十八章）的知解。雖然解消了老子是權謀思想的質疑，卻將老子貫串整部經典之主體生命的靈動玄妙，往外推出，成了物理現象的自然歸趨，使虛靜明照的生命大智慧，就此失落無存。

柔弱勝剛強，魚不可脫於淵，國之利器，不可以示人。

「柔弱」，是無心、無為；「剛強」，是有心、有為。「柔弱勝剛強」，不是柔弱的人總會打敗剛強的人，而是就每一個人的處世態度來說，無心、無為的柔弱總是比有心、有為的剛強，高明得多。因為，無心無為，可以回歸自我而自在自得；有心有為，卻爭逐天下而自困自苦。「魚不可脫於淵」，說的是「柔弱」，「國之利器，不可以示人」，告誡的是「剛強」，意謂人生路上要守柔，而不可強行。

「魚不可脫於淵」，從「心善淵」（八章）與「淵兮似萬物之宗」（四章）來看，「淵」是象徵道體又無、又有的玄妙，「無」在深不見底，「有」在包容萬物。「魚不可脫於淵」，猶「不失其所者久」，「淵」跟「所」都是萬物存在的活水源頭，「脫於淵」、「失其所」，魚固難以存活，人生也難以長久了。

「國之利器，不可以示人」，「利器」，從「器之利，在其用」來看，它是最有效能的利器；而「利」，當「銳利」解，它又是最具殺傷力的利器。「國之利器」，從君上言，是最有效應的統治利器；從臣下言，是最具殺傷力的競爭利器。《韓非子・喻老》云：「勢重者，人君之淵也。」不可脫於淵，是因為「失則不可復得也。」又云：「賞罰者，邦之利器也。」不可以示人，是因為臣子會「用其勢」而「乘其威」。此韓非法家即從君上立場說解，而老子道家講聖人無為、百姓無不為，即從下民之立場立論，以《老子》解《老子》，當然遠比以「法」喻《老子》貼切。

六十五章云：「民之難治，以其智多，故以智治國，國之賊。」又十九章云：「絕巧棄利，盜賊無有。」足見爭盜的利器，在巧利；而難治的癥結，在智多。「多」即「巧」，人民爭名、盜貨，導致國家難治的利器，就在「智」的「多」與「巧」，合而言之，就是智巧、算計。一者最有效，二者又具殺傷力，所以說「不可以示人」，也就是「以智治國」，會成為「國之賊」的根本理由。再看，「不見可欲，使民心不亂」（三章），「不見」即「不現」，就是「不可以示人」，因為給出了具有殺傷力的利器，心機權謀，大行其道；人民爭盜，而國家難治。

故全章重心在「柔弱勝剛強」，一者消解了由「必固」的人為造作，轉向「將欲」之適得其反的後果；二者引導天下回歸天道自然的活水源頭，以免落在智巧算計的人為傷害。關鍵在，主體修養的虛靜明照，解悟「柔弱」遠比「剛強」高明，而「利器」反帶來災難。

第37章

無名不欲的自化自定

自然生化，欲求不作，無名樸實而生命自定。

道常無為而無不為，侯王若能守之，萬物將自化。化而欲作，吾將鎮之以無名之樸。無名之樸，夫亦將無欲；不欲以靜，天下將自定。

道常無為而無不為，侯王若能守之，萬物將自化。

《道德經》講無為，又說無不為，無為不是什麼都不為，而是無心的為，自然的為。「聖人處無為之事，行不言之教」（二章），聖人要處天下事，且行教人間，這是聖人生百姓之所當為。而如何「生」的政治智慧，或道法自然，或人文化成，儒道在此分家。

依道家的義理系統，聖人所處的是無為之事，所行的是不言之教，「處事」與「行教」是「為」，而「處無為之事」與「行不言之教」，則是「無為」。且聖人「無為」的本身，即朗現了「無不為」的自然理序。

此章為〈上經〉最後一章，正與第一章的形上思想遙相呼應。首章開宗明義，揭示了「道」的兩面向，一是超越在萬物之上的「無」，一是內在於萬物之中的「有」。「道」體是又無又有的「玄」，本章則轉言「道常無為而無不為」，前者著重在道體本身的性格描述，後者則顯發落實在人間政治的應世智慧。道之常在「無為」的本身就是「無不為」；而不能解為「無為」是為了「無不為」，如此則「無為」僅成手段，「無不為」才是目的，「無為」如同作秀演出，故作姿態，而不是價值覺醒的修養工夫。

此言「道常」，也就是首章所說的「常道」，有別於人為造作的「可道」，可以言說可以引導的「可道」，已非「常道」本身。常道「生萬物」的原理在又「無」又「有」

的玄妙；而聖人體現天道，「生百姓」的原理在「無為而無不為」，「無為」是「無」，「無不為」是「有」。二者間不能斷為兩截求解，否則老子的思想即成權謀算計，那就不是「自知者明」的虛靈智慧，而墮為「知人者智」的智多星之流了。

天下侯王治國平天下，若能守住天道之常，天下萬物在天道自然無為的生成作用中，生養成長。「自化」就是自生自長。道體無為，而萬物無不為。

化而欲作，吾將鎮之以無名之樸。

問題在，在天道自然無為的生成作用間，人的形氣物欲，會萌發鼓盪。此由「始制有名」的心知執著，暴衝而為「化而欲作」的人為造作，所謂「欲作」，就在名號的爭逐奔競。所以侯王治國，要以「無名之樸」來鎮住由「始制有名」帶動的「化而欲作」。「無名」對治「有名」，將「欲作」化為「樸」質，無掉名號的排名排場，讓「欲」求回歸天生自然而不作，此之謂「無欲」。

無名之樸，夫亦將無欲；不欲以靜，天下將自定。

老子說「無欲」，不從物欲本身說，而是從心知執著的介入干擾說，質實的欲求有時而窮，抽象名號（空名）的追逐卻無窮無盡，故從無心無知說「無欲」，無掉心知的扭曲助長，物欲本身僅是自然的需求，不會壯大蠢動，而成為人間的災難。能守住「無名之樸」，在自然生化中欲不作，這就是所謂的「復歸於樸」。

「無欲」是工夫的修養，「不欲」則是狀態的描繪，「欲」回歸自然素樸中，不再成為生命的負累，此時呈現的生命狀態是平靜而和諧。老子所謂「歸根曰靜，是謂復命」（十六章），人人回歸生命的根土，回歸鄉土的厚實，天下百姓的生命，就在聖人的「無為」中「無不為」，官方「無為」，民間就擁有「無不為」的空間。自定就是自在自得；人人自在，人人自得，不就天下太平了嗎？

第38章

不德有德的虛用玄理

不德是心知的化解，有德是作用的保存。

上德不德，是以有德；下德不失德，是以無德。上德無為而無以為；下德為之而有以為。上仁為之而無以為；上義為之而有以為；上禮為之而莫之應，則攘臂而扔之。故失道而後德，失德而後仁，失仁而後義，失義而後禮。夫禮者，忠信之薄，而亂之首；前識者，道之華，而愚之始。是以大丈夫處其厚，不居其薄；處其實，不居其華。故去彼取此。

上德不德，是以有德；下德不失德，是以無德。

《老子》成書在《論語》之後，〈上經〉開宗，反省《論語》的「志於道」，曰：「道可道，非常道。」故亦稱〈道經〉；〈下經〉明義，批判《論語》的「據於德」，曰：「上德不德，是以有德。」故亦稱〈德經〉。老子不僅反思孔子所說的「道」與「德」，且對於仁、義、禮、智的價值理念，亦有系統性的義理鑑定。

上德與下德的上下二分，一如常道與可道的超越區分，皆繫屬於主體的修養，德分上下，乃從實有層而言，上德有德，而下德無德，這是問「是什麼」的界定問題，此屬常識的認知；而老子的道家心靈，問的卻是「如何可能」的進路問題。有德是上德，問題在如何有德？此不在知識技藝層次說，不在制度層次說，而在心靈修養的智慧層次說，老子的玄思妙答，在不德才有德，不失德反而無德，這是從「作用層」而言。

「不德」不從生命的實有層否定德的存在，而從心知的作用層解消「德」的執著。不自以為有德，「絕聖棄智」也「絕仁棄義」（十九章），此在心知上化解了仁義的高貴，也化解了聖智的傲慢，德行回歸自然，不作秀演出，少了人為造作，道德不會自我異化，變質而為權威教條，或僵化而為形式化的德目，避開了禮教吃人的副作用，而保存了德行的純真。「不失德」則心知起了執著，而恐其失落，造作過甚，生命被掏空，反而壓縮了德行自在的空間，故曰無德。

上德無為而無以為；下德為之而有以為。

此「不德」的心知化解，下文以「無為而無以為」來解說，「不失德」的執著滯陷，以「為之而有以為」來定義。無為與有為（為之）的區隔，就從「心」說，「無以為」與「有以為」的「以」，當「因」解，指涉的是人生的「為」，有沒有懷抱特殊的功利動機，若有就是「有以為」，若無則是「無以為」。故所謂無為，不是什麼都不為，而是無心自然的為；所謂有為，乃是有心造作的為，藏有其他的原因目的。

上仁為之而無以為；上義為之而有以為；上禮為之而莫之應，則攘臂而扔之。

老子就依據上下德的界說，來評量儒家仁義禮智的價值理念。「上仁為之而無以為」，處在上下德之間的分位，「為之」屬下德，「無以為」則屬上德。依《論語》，樊遲問仁，而子曰：「愛人。」愛人已付之實踐，所以說是「為之」；再從「為仁由己」與「仁者安仁」來看，「仁」的本身就是目的，未夾雜功利的動機，所以說是「無以為」。由是而言，老子對「上仁」的評斷，堪稱允當。

「上義為之而有以為」正與「下德」的界定完全等同。「義」的自覺擔負是「為之」，而「義」的價值標準與價值判斷則是「有以為」，此已然落在「下德」的層次。「上禮為之而莫之應，則攘臂而扔之」，禮更是等而下之，因為禮制是行為模式，是「為之」，且是價值規範，是「有以為」；而制度的外在化，欠缺內在生命的直接感應，僅能訴諸強制力，高舉雙臂來指引天下人。

故失道而後德，失德而後仁，失仁而後義，失義而後禮。

底下，老子將自家的「道」跟「德」，與儒家仁義禮智，做一系統性的串連。「失道而後德」，說道既超越又內在，有如「樸散則為器」（二十八章），是存有論的語句，「無名之樸」的道，散開而內在於有形的器物中，此天生本真的存在本質，就是「德」。不過，「失德而後仁，失仁而後義，失義而後禮」，就不再是存有論的語句，而是價值論的評斷，道與德是天人的縱貫關係，由德而仁，由仁而義，由義而禮，則是內外關係。「失德而後仁」，是由無心而有心；「失仁而後義」，是由有心而有知；「失義而後禮」，是由有知而有為，此所謂「失」，已有價值流失的意涵，由天生本真的德，每一步的往外走，在道家的省思無異是每一步的往下掉，有心有知有為，逐步的往外漂流，也逐步的往下沉落，故「大曰逝，逝曰遠」，總要「遠曰反」（二十五章），由禮而返歸義，由義而返歸仁，再由仁而返歸德，「復歸於嬰兒」與「復歸於樸」（二十八章），即是由漂流於外而返歸於內，且由沉落於下而返歸於上，一如《易傳》：「形而上者謂之道」，由仁義禮智而返歸於道德的形上根源。倘若，仁義禮智未與道德的形上根源連線統貫，失落了生命的源頭活水，終將陷於枯竭的困境。

此《韓非子・解老》作「失道而後失德，失德而後失仁，失仁而後失義，失義而後失禮」，更清晰的凸顯了道德的先在性。這一長串的反思批判，關鍵在「失德而後仁」，孔子所說「天生德於予」的「仁」心，在天人關係的位階上，正與老子所說的「德」等同，今謂「失德而後仁」，似有失公允。在老子的思想體系中，德無心而仁有心，在自家系統中可以成立，卻未必會被儒家所接受。

夫禮者，忠信之薄，而亂之首；前識者，道之華，而愚之始。

道德的外在化是禮，「夫禮者，忠信之薄，而亂之首」，由於遠離內在的真實，人我間未生發情意與理想的感應契合，行為的規範成了強迫性的道德，天下人由反感而反抗，人間紛擾就此而來，故曰亂之首。儒家仁義禮之下則為智，下文即云：「前識者，道之華，而愚之始。」前識者，是前知者，此既不是宗教信仰的先知，又不是科學知識的預測未來，而是出於心知的執著與人為的造作，不僅「當下即是」的人生美好因而失落，且連未來的可能空間也被抹殺，故前知者，看似精明，實則愚昧，僅是道的浮面光采，而不是虛靜明照的大智慧。

是以大丈夫處其厚，不居其薄；處其實，不居其華。故去彼取此。

最後，以「大丈夫處其厚，不居其薄；處其實，不居其華」作結，大丈夫不必是儒家的專利，也可以是道家式放得下看得開的智慧型人物。「厚」是天生本真的樸實，「薄」是忠信之薄的禮；「實」是虛靜明照的智慧，「華」則是執著預斷的前知。人生存在的抉擇，在捨去薄弱浮華的「禮」跟「智」，而認取樸質厚實的「德」與「明」。人生要以心知的「明」，來照現生命的「德」，這就是老子的生命大智慧。

第39章

天清地寧的得一本基

地位的高，身分的貴，從卑下低賤的自我解消而有。

昔之得一者：天得一以清，地得一以寧，神得一以靈，谷得一以盈，萬物得一以生，侯王得一以為天下貞。其致之。天無以清將恐裂，地無以寧將恐發，神無以靈將恐歇，谷無以盈將恐竭，萬物無以生將恐滅，侯王無以貴高將恐蹶。故貴以賤為本，高以下為基。是以侯王自謂孤寡不穀，此非以賤為本邪？非乎？故致數輿無輿。不欲琭琭如玉，珞珞如石。

昔之得一者：天得一以清，地得一以寧，神得一以靈，谷得一以盈，萬物得一以生，侯王得一以為天下貞。其致之。

形上道體是天地萬物的實現原理，天地萬物的存在根基，就在道體之既超越又內在的生成作用。

道體的本身獨一無二，天地萬物的雜多，皆由道體的純一而來。故以「昔之得一者」，總說自古以來天地萬物的存在，皆「得一」而有，這是存有論的「得」，天的清明、地的安寧、神的靈驗、谷的包容（盈）、萬物的生成、侯王的貞定天下，凡此天地萬物人間侯王的存在本質，皆是得自於「道」的「德」。「一」是道體生萬物的作用，「德」則是萬物得自於「道」的天真，而以「其致之」總結。「其」指涉天地萬物，「之」指涉道體的「一」，其致由之，意謂天地萬物的存在本質，皆從「道」來。

天無以清將恐裂，地無以寧將恐發（廢），神無以靈將恐歇，谷無以盈將恐竭，萬物無以生將恐滅，侯王無以貴高將恐蹶。

接著則轉論工夫論的「得」，天無以清、地無以寧、神無以靈、谷無以盈，說的是天無由而得以清，地無由而得以寧，神無由而得以靈，谷無由而得以盈，意謂天清地寧、神靈谷盈的存在本質，無由而朗現，因為沒有管道也就出不來，存在的根基因而動搖，天不清、地不寧，就天崩地裂，神不靈、谷不盈，也就不成其為神谷，再往下說，萬物不生還有萬物嗎？侯王不貞定天下還能稱之為侯王嗎？

無由而得，失去了朗現自我的管道，說的是修養的工夫，故整體的關鍵落在侯王的身上，侯王若能「抱一為天下式」（二十二章），回歸「道法自然」的清靜無為，不以貴高干擾天地神谷的清、寧、靈、盈，在無為中無不為，百姓萬物也就可以有自在自得的空間了。

此中有一耐人尋味之處，即「侯王無以貴高將恐蹶」，看上下兩段的語文脈絡，當作「侯王無以為天下貞將恐蹶」，侯王「為天下貞」的存在本質，也就是身為侯王的價值定位，竟被移轉為身分的「貴」與地位的「高」，「為天下貞」的「應然」，沉落而為「貴高」的「實然」，可能因下文的「貴以賤為本，高以下為基」而誤植，甚至是討好權貴者所篡改。

故貴以賤為本，高以下為基。是以侯王自謂孤寡不穀，此非以賤為本邪？非乎？

此段則為前頭兩段的統會，歸結在侯王的政治智慧。侯王權位的「貴高」，當還原為存在本質的「為天下貞」，而「以賤為本」、「以下為基」，則是侯王自覺的修養工夫，也就是不自以為聖智的「高」，也不自以為仁義的「貴」，放下高貴，而把自身放在「賤」與「下」的位置，如同「處眾人之所惡，故幾於道」的「上善若水」（八章），在最卑微的地方，做最高貴的事業，依天道生萬物的原理，侯王得以體悟生百姓的智慧，故「自謂孤寡不穀」，侯王雖位高權重，仍以孤家寡德自居，而不敢自以為善，此即由「賤」與「下」的修養工夫，而保有「為天下貞」的存在本質，亦即由工夫論的「得」，而保住了存有論的「得」。

故致數輿無輿（譽）。不欲琭琭如玉，珞珞如石。

最後，「致數輿無輿」，有心有為的試圖去求取「數輿」的「貴高」，反而會以「無輿」的「將恐蹶」收場，王朝權位也就崩頹解體了。另說引《莊子・至樂篇》的「至譽無譽」，說求至高的聲譽，反而掉落在無譽的結局，皆以人為造作適得其反來說解。故人不要顯現「琭琭如玉」般的光采，而要以「珞珞如石」般的涵藏。玉石本一，玉外現而石內斂，此樸實無華的回歸自然，正是「道常無為而無不為」（三十七章）的價值體現。

第40章

有生於無的虛靈妙用

天下萬物生於道的「有」，而道的「有」生於道的「無」。

反者，道之動；弱者，道之用。天下萬物生於有，有生於無。

五千言《道德經》，堪稱一部極盡精微的無上寶典，而經典中的經典，最精簡而奧藏玄義的篇章，則非點出「有生於無」的此章莫屬。

反者，道之動；弱者，道之用。

依字面說解，道體的動向在「反」，道體的妙用在「弱」。問題在，何謂「反」？整部《道德經》說「反」的篇章，除了本章之外，另有三處：一在「大曰逝，逝曰遠，遠曰反」（二十五章）；二在「玄德深矣遠矣，與物反矣，然後乃至大順」（六十五章）；三在「正言若反」（七十八章）。此中，「反者，道之動」與「正言若反」，皆屬孤立的語句，欠缺上下文可資參證求解。惟「正言若反」，「反」即「正」的對反，不可能有他解，此言「正面的道理從反面說」，如「大道廢，有仁義；慧智出，有大偽」（十八章），「有仁義」、「慧智出」的正面，卻從「大道廢」、「有大偽」的反面說；他如「大巧若拙」（四十五章）、「明道若昧」、「大白若辱」（四十一章），正面的「巧」從反面的「拙」說，正面的「明」從反面的「昧」說，正面的「白」從反面的「辱」（黷）說。而「反者，道之動」的「反」不可以直接說解，說「道的動向朝自家對反的路上推進」，此說不可理解，因為形上道體不落在相對說。

故「反者，道之動」，可與「大曰逝，逝曰遠，遠曰反」對看而求解。道體不可說，「強為之名曰大」，「大」在它一往前行（逝）且無遠弗屆，此即「道之動」；「遠曰反」說道不管在多遠的地方，它總是回歸它自己，那不就是「反者，道之動」最貼切的解釋嗎？

再與「玄德深矣遠矣，與物反矣，然後乃至大順」整合求解，「玄德」就是天道又無又有之既深且遠的生成作用，一如「大曰逝，逝曰遠」的「道之動」，而「與物反矣」，正是「遠曰反」，說的是道體帶著萬物回歸它自己的生成作用中，「然後乃至大順」，「大順」意謂在道體的帶動之下，萬物呈現整體的和諧。

「弱者，道之用」，說道體的生成作用，實現原理就在道體本身是「虛」是「無」，而以「柔弱」的姿態出現，道體沒有自己，而把空間留給萬物，萬物才願意隨道的動向而運轉，而不必擔心會被宰制。故從道體的虛用說，是「大曰逝，逝曰遠，遠曰反」的「與物反矣」；從主體的觀照說，是「歸根曰靜，是謂復命」（十六章）的「復歸於嬰兒」（二十八章），此兩義會通求解，「反」當回歸解，這可以說是「反者，道之動」最為恰當的理解了。

天下萬物生於有，有生於無。

原來，「反者，道之動」的根本原理，就在「弱者，道之用」的虛無妙用，所以歸結在「天下萬物生於有，有生於無」。「反者，道之動」說的是「天下萬物生於有」，「弱者，道之用」說的是「有生於無」。整章的邏輯結構，就此一體統貫，而不是三者分立的各自表述。

《老子》首章開宗明義說道有兩面向，此章則言道有雙重性。依「功成而弗居，夫唯弗居，是以不去」（二章）來看，本來「功成而弗居」的處世智慧，是功成在先，而弗居在後，此為時間的先後；未料，老子的形上體悟，在此有一大翻轉，是弗居在先，而功成不去在後，此為形上的先後。「弗居」是「無」，「不去」是「有」，因為弗居，所以功成，功成由弗居來，「有」從「無」來，這就是「有生於無」的形上體悟。

第41章

道隱無名的善貸且成

道從來不打出自己的名號，在成就萬物中成就自己。

上士聞道，勤而行之；中士聞道，若存若亡；下士聞道，大笑之，不笑不足以為道。故建言有之：明道若昧，進道若退，夷道若纇。上德若谷，大白若辱，廣德若不足，建德若偷，質真若渝。大方無隅，大器晚成，大音希聲，大象無形。道隱無名。夫唯道，善貸且成。

上士聞道，勤而行之；中士聞道，若存若亡；下士聞道，大笑之，不笑不足以為道。

士處在貴族與庶人之間，「士志於道」已成無所逃的理想擔當。儒士「仁以為己任」，固任重而道遠；道家「古之善為士者」（十五章），也是體道之士，只是道家所體現的「道」，不在人文化成的道，而在道法自然的道。

農工商各忙生計，士惟「志於道」而已！而人道的價值規範源自天道，故士由聞道而行道，進而實現「天下有道」的理想。而士分上中下三等，士皆聞道，而以「行」論定士品之高下。

上士勤行，下士不行，中士則搖擺在上下之間。「若存若亡」，當「或存或亡」解，即有時存有時亡，與上士為友則因勤行而體現道，與下士混同則因「大笑之」而失落道。老子在此展現了「人不知而不慍」的幽默感，不僅不氣苦，反而自我解嘲，說他們不笑還真顯不出我說的是道呢！

「聞道」尚在言說的層次，若未勤行實踐，道亦徒託空言而已！勤行者道行高深，是為上士；不行者未有道行，是為下士。《莊子・齊物論》有言：「道行之而成，物謂之而然。」依道行之有成與否，而給出物然之評價。「然」是存在的價值，上中下三品的論定，就是對人物一生道行的評價。

故建言有之：明道若昧，進道若退，夷道若纇。上德若谷，大白若辱，廣德若不足，建德若偷，質真若渝。

士聞道而行道，而道不可說，故以「建言有之」，引為行道的準則。這一長串「建言」群，可歸納為三系列來詮表：先說「道」的系列，「明道若昧，進道若退，夷道若纇」，意謂光明的道看起來像昏昧，前進的道看起來像後退，平坦的道看起來像絲節般的不平。次說「德」的系列，「上德若谷，……廣德若不足，建德若偷，質真若渝」（依劉師培說，「真」字疑為「悳」字，字形相似而誤植，悳為德之正文），意謂崇高的德看起來像深谷，廣大的德看起來像欠缺，剛健的德看起來像偷惰，質樸的德看起來像虛空。其中「大白若辱」，與後段的「大方無隅，大器晚成，大音希聲，大象無形」，同屬「大」的系列，意謂道的光照看起來像黲黑，道的作用（大器）最後才成就他自己。

大方無隅，大器晚成，大音希聲，大象無形。道隱無名。

另帛書乙本，「晚」作「免」，而「免」當「無」解，故「免成」是不求成，此大器無成，正與大方無隅、大音希聲、大象無形，語式一貫。「大」指涉道，而道體的存在，無聲無形無方所也不求成。「大方無隅」即「摶之不得名曰微」，「大音希聲」即「聽之不聞名曰希」，「大象無形」即「視之不見名曰夷」（十四章）。總說是「道隱無名」，意即道體把自身隱藏在無名中，故又云：「道常無名。」（三十二章）道之隱即道之常。此「隱」字正點出了諸「若」字的意涵，雖看起來像，事實上則不是。故「若」如同「隱」，皆藏身在「無」，無心無為是修養工夫，這是老子「無」了才「有」的生命大智慧，在「無」中保存「道」，成全「德」，而朗現「大」。

夫唯道，善貸且成。

最後，歸結在「夫唯道，善貸且成」，道體以內在於萬物的方式來生成萬物，善貸是無心自然的賦予，如同銀行貸款給各大廠商，就在廠商的投資創業中成就銀行的自己，士由聞道而行道，就在天下有道中成就士的自己。

第42章

負陰抱陽的沖氣和合

心知減損而生命開闊，心知增益則生命萎縮。

道生一，一生二，二生三，三生萬物。萬物負陰而抱陽，沖氣以為和。人之所惡，惟孤寡不穀，而王公以為稱。故物或損之而益，或益之而損。人之所教，我亦教之，強梁者不得其死，吾將以為教父。

道生一，一生二，二生三，三生萬物。

形上道體要擔負萬物的存在，問如何擔負？答曰讓萬物的存在合理。因為合理才能保證萬物的存在，前者是德行，後者則是福報了。

「無，名天地之始；有，名萬物之母。」（一章）此說道體的兩面向，就道體本身說，顯「無」性而為天地之始；就關涉萬物說，顯「有」性而為萬物之母。始是根源義，母是生成義，道體既是天地萬物的根源，又要擔負天地萬物的生成。

「天下萬物生於有，有生於無。」（四十章）此由下往上的追問生成萬物的本體為何，屬本體論的範疇；而「道生一，一生二，二生三，三生萬物」，則由上往下的解說生成萬物的原理，屬宇宙論的範疇。統而言之，則為本體宇宙論，由形上道體來解釋萬物的存在。

此一、二、三的分解，牟宗三大師根據第一章說：一是無，道體本身通過「無」來了解；二是無與有，通過道體兩面向來檢視道；三是又無又有的玄，通過無與有的對立渾化，來顯發道的妙用。「玄之又玄，眾妙之門」（一章）不就是「三生萬物」嗎？此說誠然高明，純理乾淨而不生塵染。

惟扣緊本章的語文脈絡來看，道本身是「無」，道生一的「一」是「有」，一生二的「二」則是天地。《道德經》說天地：有時拉下來與萬物平齊並列，如「無，名天地之始；有，名萬物之母」，此天地與萬物位階等同，前者總稱，後者散說；有時往上提推極於道，如「天長地久」（七章），「天地不仁，以萬物為芻狗」（五章），則天地等同於道體，故「二」指涉的是推極於道的「天地」。二生三的「三」，則是「天地相合，以降甘露」（三十二章）的天地和合了，甘露是滋養萬物的甘泉活水。此一、二、三都在形上原理的層次做分解的說明，而以「三生萬物」作結。

萬物負陰而抱陽，沖氣以為和。

此句則落在形而下的層次，去解析萬物存在的形構之理。而形構之理從存在之理而來，存在之理是就純理而言的，形構之理則是涉及「氣」。故在存在之理的映照之下，形構之理的「一」是氣，「二」是陰氣與陽氣，「三」是陰陽之和。這裡由「天地之和」的存在之理，來解說「陰陽之和」的形構之理，比較直接而且貼切。問題在，「天地之和」是由道體沖虛的形上原理來保證，而「陰陽之和」則有待人的修養工夫了。

「沖氣以為和」，沖就是虛，氣的虛從心的虛來，故工夫在「心」上做，心虛靜氣也虛靜，無執著不造作，就不會消化不良、心律不整或內分泌失調了。

人之所惡，惟孤寡不穀，而王公以為稱。故物或損之而益，或益之而損。

此下再由人物的「沖氣以為和」，推向人間的感應和合。「人之所惡，惟孤寡不穀，而王公以為稱」，天下人所厭惡而想逃離的就在孤立寡德而不善，何以王公貴高而要以此賤下自稱，這就是「沖虛」的修養工夫了。「物或損之而益，或益之而損」，此言人的生命存在，在心知上減損，生命卻自在許多，反之，在心知上增益，而生命卻被壓縮，故王公權貴要內斂涵藏，別搶盡人間的光采。

人之所教，我亦教之，強梁者不得其死，吾將以為教父。

最後，依「人之所教，我亦教之」的人間通則，將「柔弱勝剛強」的人生智慧，濃縮在「強梁者不得其死」的一句格言，不論棟梁或橋梁，都要強力的支撐整體架構的壓力，都會因負累而累垮，所以說「不得其死」，即難以善終之義，「吾將以為教父」，就以此一格言做為教導天下的根本。

第43章

不言無爲的至柔教益

水沒有自己，水無所不在。

天下之至柔，馳騁天下之至堅。出於無有，入於無間。吾是以知無為之有益。不言之教，無為之益，天下希及之。

天下之至柔，馳騁天下之至堅。

老子的形上體悟，道體沖虛而生成萬物，其人生智慧，就在「天下之至柔，馳騁天下之至堅」。天下至柔之物，水堪稱其中之最，水沒有自己，卻無所不在，水往低處流，在最卑微的地方，同時滋潤萬物。老子說：「上善若水。」（八章）因為水體現了天道的生成原理。別看水性柔弱，卻可以馳騁在如鋼筋水泥的至堅之中。

所謂「馳騁」，意謂來去自如，不受拘限。「至柔」是「無」，「至堅」是「有」，「至柔」透入「至堅」中，亦如「有生於無」，因為至堅的鋼筋水泥，少了至柔之水的透入，也就凝固不住，而成不了其剛強了。人的生命主體，要「致虛極，守靜篤」的做「無」的修養工夫，虛的極致與靜的篤守，是謂「至柔」。心既虛靜，化掉了心知的名利心與權力欲，也解消了形氣的優越感與英雄氣，人間已無至堅之物可供爭逐，人物亦無至堅之物可待留守，至柔化掉了至堅，說馳騁亦屬虛說，已成多餘。至堅已被至柔化解，人物走在人間，也就無入而不自得，再也沒有制約牽絆了。

出於無有，入於無間。

此句《王弼本》作「無有入無間」，依劉師培所言：《淮南・原道訓》引作「出於無有，入於無間」，此老子古本也。《王弼本》云：「氣無所不入，水無所不出於經。」此「無所不出於經」，當作「無所不經」，而與上文「無所不入」相對。「出於」二字必屬「無有」上之經文，後人傳抄誤入注文。此說持之有據，故據劉說改。

「無有」是「至柔」，「無間」是「至堅」，「出於無有」是出於一無所有的心靈涵養，「入於無間」是透入沒有空隙的天下萬物中。《莊子‧養生主》有云：「彼節者有間，而刀刃者無厚，以無厚入有間，則恢恢乎其於遊刃必有餘地矣。」老莊對看之下，老子說是「無間」，莊子則謂之「有間」，看似相反，實則義理等同。「無間」是名利權勢有如天羅地網，拉引天下才士盡入我彀中；「有間」則謂人間世既屬人跟人之間所構成的關係世界，再緊密連結，甚或權謀算計，總是有空隙的，關鍵在生命主體之無有與無厚的化解工夫。即使再窄小的空間，亦可循隙而行；即使有如牛體之骨肉纏結處，看似沒有空間，亦可迎刃而解。

再進一層言之，所謂「無有」，「無」當動詞用，無掉了「有」，就不用去捍衛撐持，不必擔心是否出現間隙，而讓別人乘虛而入。原來，我們執著一個「有」，就成了我們的弱點，「間」隙的弱點就由「有」的執著撐持而來。實則，「無有」就「無間」了，我什麼都不要，我就什麼都不怕了。我無了自己的「有」，就可以融入看似無間的天下萬物中，情景交融，也物我兩忘，何止無患，根本就美感朗現了。

吾是以知無為之有益。不言之教，無為之益，天下希及之。

老子最後給出了人生的智解妙悟，「吾是以知無為之有益」，「知」是體悟，無掉了人為造作，而遠離生命的自困自苦，故謂「有益」。「無為」是「無之以為用」，「無為之益」則是「有之以為利」（十一章），「有」之利從「無」之用來，「無」的化解妙用，彰顯在生命自在的「有」上。落在群體社會而言，「聖人處無為之事，行不言之教」（二章），無為從無心來，而言為心聲，故「無心」即「不言」，由不言之教帶出無為之事，聖人不擾民，給出「百姓皆謂我自然」的自在空間，故云：「天下希及之。」普天之下，再也沒有比「不言之教，無為之益」更高明的政治智慧了。

第44章

愛名藏貨的大費厚亡

足於自身遠離屈辱，止於真實永不毀壞。

名與身孰親？身與貨孰多？得與亡孰病？是故甚愛必大費，多藏必厚亡。知足不辱，知止不殆，可以長久。

名與身孰親？身與貨孰多？得與亡孰病？

此章一開頭，就拋出了三個天大的問號，直接敲在每一個人的心底。第一個問號在「名與身孰親」，在外在的聲名與生命本身之間，何者對我們來說，是比較親切的？第二個問號在「身與貨孰多」，在外在的財貨與生命本身之間，何者對我們來說，是比較重要的？第三個問號是綜合二者而言，「得與亡孰病」，意謂得到了外在的聲名貨利，卻失去了生命本身的自在美好，請問二者之間，何者對我們來說，是比較傷痛的？

此三大逼問，老子沒有直接給出解答，而答案就在每一個人的反躬自省中，給逼顯了出來。聲名與貨利皆屬身外物，生不帶來死不帶去，生命本身對每一個人的存在而言，才是親切感的存在真實，也才是重要感的價值擁有，為了得到身外物的名號與財富，卻痛失生命本身的自在美好，那就是價值的錯亂顛倒，與存在的迷失困惑了。

是故甚愛必大費，多藏必厚亡。

其理由就在「甚愛必大費，多藏必厚亡」的因果串連，甚愛「名」必大費「身」，多藏「貨」必厚亡「身」。心知執著「名」與「貨」，人為造作跟進，在名利場中奔競爭逐，窮其一生為了終究成空的排名，與流轉不定的貨利，才氣揮灑且機關算盡，把自身燒為灰燼，是為「厚亡」身；且耗損元氣，生命力大透支，天真本德亦流失不存，是為「大費」身。此不僅不可能，也是不值得。不可能在過度耗費，造成損傷，氣魄能量支撐不住；不值得在以真實美好的生命本身，去換取虛妄幻化的聲名貨利。外在名利的求「得」，已屬不可能，生命本身的「失」落，更是不值得。世間人卻老是執迷而不悟，當然是生命的大傷痛了。

知足不辱，知止不殆，可以長久。

老子拋出了問號，又在價值天秤上做出評量，生命到此終究有了體悟，「知足不辱，知止不殆，可以長久」，知足的人可以遠離屈辱，知止的人可以避開毀壞；問題在，要「足」於何處，能「止」於何方？依語文脈絡來看，可以斷定是足於「身」，且止於「身」。此生命本身不指涉形而下的形氣物欲，而指涉形而上的天真本德；且所謂的「足」，不是尋求物欲的滿足，而是保有天真的值得。而所謂的「止」，是依止停靠，如鳥飛要棲於樹，舟行也得靠於岸，人間行走也要有安身立命之地。三十三章云：「不失其所者久。」此「所」是價值理想的終極之地，在最高的理想之所，才會是生命最後的歸宿。在道根德本之所，人人足於生命本身，不用再漂泊流落，不必再攀援投靠，也就不會難堪屈辱，此之謂「知足不辱」。且人人止於天真本德，心中無名利權勢，不在街頭紛擾的此消彼長間擺蕩，生命本身也就不會挫折毀壞，此之謂「知止不殆」。

生命本身可以自我完足，天真本德可以依止停靠，遠離了屈辱，且避開了毀壞，不辱不殆，不就可以長久的保有人生的自在美好嗎？所以歸結的說：「可以長久。」

第45章

若屈若拙的大直大巧

大巧把自身藏在笨拙間。

大成若缺，其用不弊；大盈若沖，其用不窮。大直若屈，大巧若拙，大辯若訥。躁勝寒，靜勝熱，清靜為天下正。

大成若缺，其用不弊；大盈若沖，其用不窮。

《道德經》說「大」，均指涉道體的生成作用。「吾不知其名，字之曰道，強為之名曰大」（二十五章），道體寂靜無聲，空闊無形，無形象也就無名號。名號皆定名，稱謂（字）皆虛意。定名由客觀存在的抽象而得，虛意則由主體生命的理念而發。從理念非客觀實存說「虛」，從理念出自主體證悟說「意」，道體非抽象定名，而係「涉之乎無物而不由，則稱之曰道」（《微旨例略》）的理念虛意。人人皆走在「道」的路上，萬物皆由「道」而來。故大成、大盈皆指涉道體在若缺中成其不弊之用，在若沖中成其不窮之用。道體生成萬物故說大成，道體徧在萬物故說大盈。

而道體之所以能生成萬物，徧在萬物的原理，就在道體本身的「若缺」、「若沖」所生發的妙用。「缺」是欠缺，「沖」是沖虛，皆屬道體本身的「無」性。說是「若」，大意謂表面看起來近似，實質上則不是。方東美教授就以道體、道相與道用來理解，大成、大盈是道體，若缺、若沖是「道相」，其用不弊、其用不窮是道用，此解堪稱精到。惟道體不會壞掉，也不會窮盡之生成妙用的「有」，根本就在道體本身若缺、若沖之自我解消的「無」，故說是道相，僅是道臨現人間所擺出的姿態，實則是道體本身的修行，故說「道行」更為貼切。

此全句的關鍵在「若缺」、「若沖」，道體自身藏在「若缺」、「若沖」中，「道隱無名」（四十一章）也「道常無名」（三十二章），道之隱即道之常，且隱之「無」中，生出常之「有」，又有又無說是「玄」，「玄」妙在生成萬物的「大成」，在奧藏萬物的「大盈」。

大直若屈，大巧若拙，大辯若訥。

此段句型結構雖簡化，蘊涵之義理則等同。道體的正直看起來像是委屈無知，道體的精巧看起來像是笨拙無為，道體的說法看起來像是木訥無言，就在無心無知、不言無為中，生發其生成萬物的妙用。落在人世間而言，真正的正直，看似委屈而實伸展；真正的精巧，看似笨拙而實美妙；真正的辯才，看似木訥而實透闢。故「若屈」、「若拙」、「若訥」是作用層的化解，「大直」、「大巧」、「大辯」則是實有層的保存。此由心知的化解而有化解的作用，再由化解的作用，保存實有的美好，正是道家貼近世俗人間的大智慧。

躁勝寒，靜勝熱，清靜為天下正。

依「靜為躁君」（二十六章）看，經文當作「靜勝躁」而「寒勝熱」，靜寒的清靜可以克服生命的躁熱，所以說可以做為天下的價值典範。不過，此說未必成立，在欠缺校勘考據的支持之下，更改經文求解，根本不合理。

何況，動可以克服寒冷，靜可以克服暑熱，相對的動靜，各有其自然的功能，而由「若缺」、「若沖」、「若屈」、「若拙」、「若訥」的修養工夫所開顯之「大成」、「大盈」、「大直」、「大巧」、「大辯」的境界，就是超越在動靜相對之上的「清靜」，此即「靜為躁君」的「靜」，既成其大，又為之君，就由此說可以「為天下正」。五十七章云：「我好靜而民自正。」聖人清靜無為，天下人民可以回歸自家的美好，不正也正了，所以說「民自正」。

第46章

可欲欲得的罪咎無道

戰馬回歸田園耕作是生成，母馬在戰地生下小馬則是毀壞。

天下有道，卻走馬以糞；天下無道，戎馬生於郊。罪莫大於可欲，禍莫大於不知足，咎莫大於欲得。故知足之足，常足矣。

天下有道，卻走馬以糞；天下無道，戎馬生於郊。

形上道體無所不在，所謂「周行而不殆」（二十五章），說的是天道徧在萬物，而永不毀壞。故說天下有道、無道，乃就人間政治而論，而不是說天道本身的在或不在，有或沒有。再看十八章云：「大道廢，有仁義」，也說大道從不廢棄它自己，是人間失落了大道。

天下有道，是道行人間，天下太平；天下無道，是道不行人間，戰亂連年。道行人間，在無為中無不為，與民休養生息。「卻」是後撤回調，「走馬」是馳騁在戰場的「馬」，「以糞」是用來糞田施肥。反之，道不行人間，馳騁畋獵，而兵強天下。「戎馬」是徵調上戰場的馬，「生於郊」是母馬在兩軍交戰之地生下小馬。此用「糞田」的太平景象，與「生於郊」的戰地荒涼，做一印象鮮明的對比。糞田的農耕農作，是生成；「生於郊」的徧地烽火，是毀壞。

「卻走馬以糞」，是將毀壞轉為生成；「戎馬生於郊」，卻將生成墮為毀壞。因為在戰地產下的小馬，是難以存活長成的。故天下有道，無心、無為則生成百姓，天下無道，有心、有為則置百姓於死地。人間是生成，還是毀壞？完全繫在當政者的一念之間。

罪莫大於可欲，禍莫大於不知足，咎莫大於欲得。

「罪莫大於可欲」，《王弼本》並無此句，此處是據他本增補。這三句連讀下來，將「不知足」置於「可欲」與「欲得」之間，正可以做為中介橋引，使整段義理更為完足。

「可欲」是由心知的執著與預期，期盼可以擁有什麼，在等待中逼出迫切感，民心會由痴迷、熱狂而走向冷酷，在「心使氣曰強」（五十五章）之下，迫使自己走向「勇於敢則殺」（七十三章）之路。所以說，人間的罪責沒有比「可欲」更大的了。

「禍莫大於不知足」，可欲是心知執著外在的名利權勢，其癥結就在「不知足」，不知生命自身本就完足，才會有虛欠感，而往外尋求，流落在名利圈與權力場的爭逐奔競間；不論是攀援或投靠，都將痛失自家生命的真實。所以說，人間的災難沒有比「不知足」更重的了。

「咎莫大於欲得」，「咎」是過錯，「欲得」是志在必得，由「可欲」的心知執著，衝向「欲得」的人為造作，在尚賢、貴貨的誤導下，去爭名盜利。此人間已成戰場，用盡心機算計，只問目的而不擇手段，說是愛天下、救天下，實則是打天下、害天下。所以說，人間的過錯，沒有比「欲得」更重大的了。

故知足之足，常足矣。

知內在本就完足的人，才是真正的足，也才能是永遠的足。三十三章云：「知足者富」，足於內而無求於外，自家什麼都有，什麼都不欠缺，才是真正活出自己生命內涵的富有。不然的話，「足」的標準在外，隨時在流轉變動中，「足」僅能是一時的；且爭逐者眾，變數太多，僅能各憑造化，充滿了不定感，那就永遠不可能足了。如是，可欲的罪責，不知足的災難，與欲得的過錯，就成了揮之不去的噩夢了。

人人天生本真，人人自我完足，只有足於自身的天真本德，人生才可能有永遠的足。現今的社會，什麼都有，而在街頭行走的人，心裡什麼都想要。因不知內在本足，而流落在外，由可欲而欲得，補習、加班、爭排名，永遠停不下來。「不知足」帶來饑渴症，「可欲」形成工作狂，「欲得」則逼出過勞死，這不就是人間最大的罪責、災難與過錯嗎？

第47章

不爲而成的聖人道行

天下在我家，天道在吾身，何勞出戶窺牖。

不出戶，知天下；不窺牖，見天道。其出彌遠，其知彌少。是以聖人不行而知，不見而名，不為而成。

不出戶，知天下；不窺牖，見天道。

現代人讀經典，大體不相應。主要的原因在偏向知識性之平面橫向的思考，而少有修養論之主體縱貫的體會。知識性的論學，一者是抽象概念的思辨，二者是量化數據的檢證，以此一進路，試圖去理解形而上的天道，不僅不相應，甚且是背道而馳。天道「寂兮寥兮」（二十五章），無聲無形，不是認知的對象，且天道內在於人的德性中，此德性與生俱來，人人皆有，與超越的天道是一體統貫的。所以，足不出戶，便可以知天下，而且無須探首窗外，也可以見天道。因為天下就在每一個自我中，而天道也內在於人德中。問題在，要通過樸質的自我，才可以了知天下的真相，要通過天真的人德，才可以透顯天生萬物的生成原理。《莊子・大宗師》云：「有真人而後有真知。」真人的眼光所看到的天下，才是真的，真人的生命所體現的天道，也才是真的。

老子一者說「自知者明」（三十三章），二者說「知常曰明」（五十五章），自知是明，知常也是明，故自知即可知常，不出戶不窺牖是自知，知天下見天道則是知常。道無所不在，內在每一個人，只要回歸自我，保有天真，心虛靜明照，就可以照現天下，體現天道了。

其出彌遠，其知彌少。

天道本內在於每一個人的生命自身，故出戶窺牖，往外尋求，越往前行而離道越遠，當然也就「其出彌遠，其知彌少」了。所謂「行萬里路，勝讀萬卷書」，往外尋求是認知萬物的形構之理，回歸自我才是體現天道的存在之理。認知形構之理是知識，體現存在之理則是修養。當今自然科學與社會科學，皆屬形構之理的研究，人文學門則屬存在之理的開發。前者是知識的學問，後者則是生命的學問，這是當代哲學大師牟宗三先生所做出的分判。

因此，生百姓的聖人，平治天下，要引領天下人走天道的路，既然「不出戶，知天下；不窺牖，見天道」，不出戶不窺牖，是「無為」，知天下見天道，是「無不為」；「道常無為而無不為」（三十七章），這是道家千年傳統聖人體現天道之「無為而治」的政治智慧。

是以聖人不行而知，不見而名，不為而成。

老子所謂「不行而知」，說的是「不出戶，知天下」；所謂「不見而名」，說的是「不窺牖，見天道」。天道無形也無名，既不可見即不可名，故此所謂「名」指涉的是天道的生成作用。雖說看不到「道」的形影，而「道」的生成作用，卻與萬物同在同行。「不行而知」與「不見而名」統合起來，就是「不為而成」。不行與不見，就是「不為」，而「知」天下與「名」天道，則是「成」，「不為而成」也就等同「無為而治」了。

昔日，秀才不出門，能知天下事，因為秀才讀經典，半部《論語》可以治天下，現代人足不出戶，在資訊網絡裡，也可以有全球性的視野。問題在，現代人欠缺的是「不窺牖，見天道」的形上體悟。少了自我的修養，宗教信仰的重心也因之外移，那就難逃「其出彌遠，其知彌少」的批判了。

第48章

爲道日損的無爲無事

減損心知，生命安頓。

為學日益，為道日損。損之又損，以至於無為；無為而無不為。取天下常以無事；及其有事，不足以取天下。

為學日益，為道日損。

孔子自稱好學，對「為學」給出正面的肯定，云：「古之學者為己，今之學者為人。」僅在強調修德講學的本身就是目的，而不是求取功名利祿的手段。孔子有回告訴曾子說：「吾道一以貫之。」從「博學於文，約之以禮」來看，孔門的「學」，在學做人之道，跟今天認知意義的知識學問，分屬不同的層次，故「博學於文」，是知識的學問，「約之以禮」以至「一以貫之」之道的體認，則是生命的學問。道家的老子，也有等同的洞見。

此「為學」與「為道」是超越的層次區分，而不是平對的界域分隔，正與《論語》「君子不器」而「士志於道」的價值論定，兩相呼應。器用由學而來，而君子成德，卻重在「道」之理想的追尋。《易傳》有云：「形而上者謂之道，形而下者謂之器。」為道是形而上的生命進路，為學則是形而下的知識進路，一在為道成道，一在為學成器。問題在，士君子的理想，不能停留在成就自身的器用，而當開發天下人的德行道路。此為儒道兩家千古並行的人生智慧。

老子所謂的「損」跟「益」，皆對「心知」而說。「為學日益」是說，為學工夫是每天在心知上求其增益；「為道日損」是說，為道工夫是每天在心知上求其減損。為道所要減損的，正是為學所要增益的心知執著。此中「為學」的指涉意涵，不是現代價值中立的客觀學問。

對道家而言，心有知的作用，而知的本質是執，「執」一定「著」，著迹總有迹累，故道家的「知」與佛門的「識」，同樣的具有負面的意義。心知引來情識，不僅執著，甚且陷溺。故「為道日損」的工夫，就在對治「為學日益」所帶動的執著與負累。

損之又損，以至於無為；無為而無不為。

這一日損的工夫，旨在消解日益的執著，「損之又損」，意謂工夫的持續進行，從無心無知而無為無欲，一路做洗滌清除的工夫。「滌除玄覽」（十章），洗滌清除心知的塵垢污染，心靈虛靜，就可以恢復形而上的觀照能力，故「損之又損」的工夫，正所以開顯「玄之又玄」（一章）的境界。

心知減損，不起執著造作，也就是無心無為，而「無為」的主體修養，即可朗現「無不為」的生成妙用。老子的思想，從本體宇宙論而言，是「有生於無」；從修養工夫論而言，卻是「無了才有」，「無」當動詞用，是工夫的字眼，「無」了才「有」，也就是「無為而無不為」的政治智慧了。

取天下常以無事；及其有事，不足以取天下。

老子從無心說無為，無為也就無事，不滋生事端也遠離紛擾，天下本無事而歸於平治，所以說「取天下常以無事」，此取天下不是打天下，而是治天下。倘若在位者有心有為，有為也就有事，那就「不足以取天下」了。

老子教導我們，「物或損之而益，或益之而損」（四十二章），心知減損，生命反見增益；心知增益，生命反見減損。故人生路上，要走「為道日損」的路，工夫日損，道就在當下現前朗現，還要往外尋求嗎？

第49章 聖人無心的德善德信

在清靜無為中，人人皆善皆信。

聖人無常心，以百姓心為心。善者吾善之，不善者吾亦善之，德善；信者吾信之，不信者吾亦信之，德信。聖人在天下，歙歙；為天下渾其心。百姓皆注其耳目，聖人皆孩之。

經典之所以為經典，在「成一家之言」外，還得「通古今之變」，依據《道德經》道貫古今的「道」，來省思當代之政局民情，不僅貼切，還顯深刻呢！

聖人無常心，以百姓心為心。

在千年的文化傳統，聖人的性格被定位在「生百姓」的外王事業上，聖人體現天道，而人道要走天道的路，以天道「生萬物」的生成原理，來實現「生百姓」的政治理想。

問題在，儒家所體會的生成原理，就在人性中的「仁」，而道家的體會，卻不在「仁」心的實有做主，而在「不仁」的虛用觀照。太上老君以「不仁」的放開，來回應至聖先師「仁」的擔負。仁心自做主宰，也為天下人做主，前者是修養工夫，後者則是外王事業。

「不仁」不是在「實有層」否定仁心的善，而是在「作用層」化解「仁」心的執著與陷溺，道家的智慧在此凸顯，超離「愛」的執著，避開「愛」的陷溺，以化解的作用來保存「愛」的真實美好。

「聖人無常心，以百姓心為心」，意謂聖人沒有自己的執著與堅持，「心」空出來留給百姓，百姓的心就是聖人的心了。百姓是整體的百姓，而不是一半的百姓，倘若在位者有心知的執著，以自身做為天下人的價值標準，天下就此裂解為兩半，一半是合乎標準的「善者」，一半是不合乎標準的「不善者」。此「善」與「不善」的二分，既是心知的執著，相對而言，那就是主觀的偏見了。

善者吾善之，不善者吾亦善之，德善；信者吾信之，不信者吾亦信之，德信。

實則，所謂的「不善」，本質上僅是不同的善，故「不善者吾亦善之」的判定，不是善惡不分、是非不明的鄉愿，而是超離善的執著與分別，讓天下人回歸他自身的善。「德善」就是本德的善，天生本真的本有之善。太上老君的生命大智慧，就在給出人人皆善的價值空間，而不是把天下一分為二；一半是「善者」，另一半是「不善者」。

同樣的道理，「信者」與「不信者」的二分，正依據「善者」與「不善者」的區隔而有，認同我、跟我一樣的人，我相信他的生命是真實的；不認同我、跟我不一樣的人，我就懷疑他的生命是真實的。聖人治天下，對出身於不同鄉土禮俗與文化傳統的人，甚至是不同黨團教派的人，都要給出包容與尊重。故「不信者吾亦信之」，人家只是跟我們不同的「信」，而不是「不信」，這一人人皆信的判定，就是所謂的「德信」，本德的信，天生本真的本有之信。

聖人在天下，歙歙；為天下渾其心。百姓皆注其耳目，聖人皆孩之。

聖人「生百姓」之道，就在「為天下渾其心」，為天下人渾化自己的心。「歙歙」是因憂心天下之二分對抗而內斂涵藏；「注其耳目」，是各用聰明；「孩」，是小兒笑貌，待百姓如同天真嬰兒般，解消了自己的執著與堅持，百姓的心就是聖人的心了。人人皆善，人人皆信，人人皆生成，人人皆得救，這才是體現天道的聖人。當天下百姓皆專注耳目，各憑聰明以裂解天下的時刻，聖人卻無心無為，引領天下百姓，回歸有如嬰兒笑貌的天真自然。

第50章

不遇無所的超脫生死

不衝向一級戰區，不為死亡留下餘地。

出生入死。生之徒，十有三，死之徒，十有三；人之生，動之死地，亦十有三。夫何故？以其生生之厚。蓋聞善攝生者：陸行不遇兕虎，入軍不被甲兵；兕無所投其角，虎無所措其爪，兵無所容其刃。夫何故？以其無死地。

出生入死。

此章開宗明義，直謂「出生入死」，點出人生行程就在從出生到老死之間。我們的文化傳統，不論儒道，對生之前我從哪裡來，死之後我往何處去的終極關懷，一直守住理性的底限，從未給出任何解答。儒道兩家的人生智慧，僅在求得人生行程的生命安頓。

生之徒，十有三，死之徒，十有三；人之生，動之死地，亦十有三。夫何故？以其生生之厚。

此段對生命存在的生死現象，做一描述與解析。「生之徒，十有三，死之徒，十有三」，此言生死是自然的現象，有生即有死，如同花開花落，春去春來。《莊子・養生主》說「死」是「帝之懸解」，此「帝」不指涉人格主宰之天，依道家的自然義，「帝」當「蒂」解較貼切，瓜果倒懸在棚架上，瓜熟而蒂落，又回歸大地根土，不就解開了倒懸的困苦嗎？不過，倒懸不就生命存在說，而就心知執著說，不僅活不出人生的自在美好，反而掉落在「死」的恐懼陰影中。故不執著無分別，滿天陰霾消散，生死歸於自然，此之謂懸解。

在「生之徒」、「死之徒」的現象自然之外，老子省思的重心，實落在「人之生，動之死地，亦十有三」的這一區塊。人為了求生，心一起執著，反而掉落死地，此「動」可不是自然生動，而是人為造作的適得其反，痛失了老天爺給出的天年。

「夫何故？以其生生之厚」，原因何在？只因為求生太厚，而養生太過。此「生生」，不是儒家「生生不息」的生命健動，上一「生」字，當動詞用，可與「物壯則老，是謂不道，不道早已」（三十章）對看求解。「生生之厚」近乎「物壯則老」，而「動之死地」也就是「不道早已」，「早已」如同「中道夭」，人生路走一半，就提早終結自己的一生行程。

此三者皆「十有三」，說是十分之三，即出現另有十分之一當歸屬何處的問題。蘇轍《老子解》云：「豈非生死之道九，而不生不死之道，一而已矣。……老子言其九，不言其一，使人自得之，以寄無思，無為之妙也。……聖人常在不生不死中，生地且無，焉有死地哉。……」此言不生不死，惟聖人能之，那不可知的「十分之一」，即藏身於此。

不過，此說大有問題，聖人之不生不死，乃工夫修養所開顯之境界，並非「天縱之將聖」；而工夫修養人人皆能，該當百分百，怎會有十分之一的設限呢？故所謂「十有三」，實各有「三分之一」的意思。

蓋聞善攝生者：陸行不遇兕虎，入軍不被甲兵；兕無所投其角，虎無所措其爪，兵無所容其刃。夫何故？以其無死地。

接著轉言「蓋聞善攝生者」，以開出工夫論的兩條進路。「蓋」是發語詞，「攝生」是養生，而「善」不是技藝性的善巧，而是自然無心的修養工夫。「養生」之道何在，一在「不遇」，二在「無所」，前者是人間發生的偶然，後者則是主體修養的必然。「陸行不遇兕虎，入軍不被甲兵」，在陸地行走，不要碰上兇猛的獨角獸與老虎，以避開猛獸的攻擊；在兩軍交戰之地，不要被堅甲利兵砍到，以免生命受到傷害。總說人生路上不要闖入名利圈與權力場的一級戰區，那是沒有退讓空間的生死惡鬥。「遇」是偶然碰上，故「不遇」僅是幸運，沒有必然的保證。倘若不幸碰上了，死亡即迫近眼前，故在「不遇」之外，另開「無所」。「兕無所投其角，虎無所措其爪，兵無所容其刃」，獨角獸的銳角衝刺過來了，老虎的利爪揮劈過來了，敵人的兵器砍殺過來了，卻赫然發現攻擊的對象已失去了形影。「無所」就是找不到可以衝刺、揮劈與砍殺的地方。

「夫何故？以其無死地」，此其原因何在？就在不要為死亡留下餘地。這不是隱身的法術，而是心靈上不預留別人可以打敗我的空間。「無所」從「有所」來，「有所」在心知的執著，有了優越感與英雄氣，有了名利心與權力欲，在在成了我的弱點與致命傷，人家就可以輕易的把我打敗。心知不執著「生」，「死」即失去依附之所，「死地」從「生地」來，從「生生之厚」來，不壟斷「生」的資源，不求擴大自家的地盤，不搶盡天下的光采，也就是不為死亡留下餘地了。

以是之故，走在「出生入死」的人生道上，「善攝生者」的「善」，惟在無心自然而已！無心無知，無為無欲，一者可以「不遇」，二者可以「無所」，既不會碰上凶險，更立於不敗之地，籠罩心頭的死亡陰影也就永遠消散了。

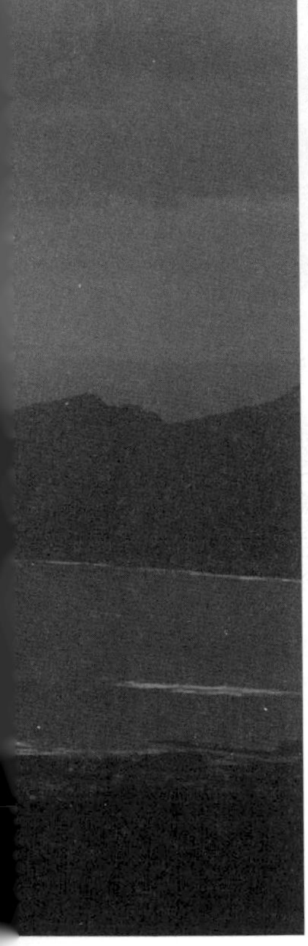

無心無知，無為無欲，恐懼陰霾當消散，生死歸於自然。（攝影：陳輝明）

第51章

不有不宰的天道玄德

愛在付出，而不在宰制。

道生之，德畜之，物形之，勢成之。是以萬物莫不尊道而貴德。道之尊，德之貴，夫莫之命而常自然。故道生之，德畜之，長之育之，亭之毒之，養之覆之。生而不有，為而不恃，長而不宰，是謂玄德。

道生之，德畜之，物形之，勢成之。是以萬物莫不尊道而貴德。

「之」指涉萬物，道生萬物，德養萬物，物形萬物，勢成萬物。惟道生德畜，說的是超越在物形之上的存在之理；而物形勢成，說的是囿限物形之中的形構之理。

天道生萬物，是以內在於萬物的「德」來存養萬物。天道就以天生本真，合理的解釋萬物的存在，天真讓萬物因合理而得以存在，此即存在之理，或謂實現之理。所謂「德」，即「其中有象」、「其中有精」（二十一章）的精象，而精象是「無狀之狀，無物之象」（十四章）的惚恍，惟在恍兮惚兮中，「其中有物」、「其中有信」，此「物形之」，因已成形，其存在可以徵驗（信），真實性也可以確認，故謂「其精甚真」。而「物」之構成元質是「氣」，氣分陰陽，陰陽交感和合所顯發的生命力，即是「勢成之」。「萬物負陰而抱陽，沖氣以為和」（四十二章），萬物皆以陰陽二氣為其形質，陰陽二氣要歸於「虛」而後能和，此在和諧中成長的生命能量，就是所謂的「勢」。

此四者之貫串，王元澤注云：「故德者道之分，物者德之器，勢者物之理。」德是萬物得自於道的存在之理，此天生本真之「德」，所寄寓的形器則是「物」；「勢」就是「物」的形構之理，此說解可謂貼切。另呂吉甫注云：「然則勢出於形，形出於德，德出於道。道德本也，形勢末也，本尊而末卑，本貴而末賤，是以萬物莫不尊道而貴德。」此中「形出於德」一語，混亂了「存在之理」與「形構之理」的上下區隔。

實則，形出於氣，氣之清濁、輕重的比例分量，決定了生命力的強弱高下，若謂「形出於德」，就難以獲致「尊道而貴德」的論定，而當是道德物勢，一體皆貴而無別了。

道之尊，德之貴，夫莫之命而常自然。

而「道之尊，德之貴」的尊貴在哪裡？此非人間街頭的尊顯高貴，而是人性本身的尊貴。依孟子天爵、人爵的說法，道尊德貴當是天生本真的高貴，是天生而有的爵位，是人人皆有，他人搶不走的；人爵是人間的爵位，在位掌權的人可以給你，也可以收回，貴賤的主權在人不在我，故人爵靠不住。道尊德貴之所以尊貴，就在「莫之命而常自然」，沒有人可以命令他，他自身恆常如此。人爵外在決定，是為「他然」，天爵「然」從自己來，是為「自然」。故人生高貴的品質，就在生命本身的自然。

故道生之，德畜之，長之育之，亭之毒之，養之覆之。

接著對天道生萬物做一總結，此一系列的「之」，皆指涉萬物，道生德養，即是生長、養育萬物，而「亭」當「凝結」解，毒當「安」或「厚」解，此「亭之、毒之」，他本作「成之、熟之」，正是凝結萬物、安厚萬物之意。「養之、覆之」，則謂無不養成，也無不遮覆。

生而不有，為而不恃，長而不宰，是謂玄德。

此句已見於第十章，惟一指謂天道玄德，一指謂聖人玄德。不論天道生萬物，還是聖人生百姓，其生成原理在「有生於無」（四十章），生、為、長是道的「有」，不有、不恃、不宰是道的「無」。人間的道德皆生而有、為而恃、長而宰，生養萬物、百姓而歸己所有，為萬物、百姓做了一切而恃為己恩，長成萬物、百姓而宰制由我，此無異自我否定。因為歸我所有，等於未「生」，恃為己恩，等於未「為」，宰制由我，等於未「長」。天上的道德則迥然不同，是「生而不有，為而不恃，長而不宰」，各加了一個「不」，不落在世間做好人有好報的俗套中，我生養了你而你不歸我所有，我為你做了一切而你未虧欠我，我帶你長大而你不必聽從我。這樣，「不有」才真正完成了「生」，「不恃」才真正做成了「為」，「不宰」才算真正的「長」成。

天道生成萬物，此生成作用是道體的「有」，而其根本原理卻在道體的「無」，道體在生成萬物的同時，又放開萬物，給出萬物自生自長的空間，故謂「莫之命而常自然」；聖人生成百姓的同時，又放開百姓，給出百姓自在自得的空間，故謂「百姓皆謂我自然」（十七章），總說則是「道法自然」（二十五章）。

第52章

知子守母的復歸不離

與母體連線，永保康健。

天下有始，以為天下母。既得其母，以知其子；既知其子，復守其母，沒身不殆。塞其兌，閉其門，終身不勤；開其兌，濟其事，終身不救。見小曰明，守柔曰強；用其光，復歸其明。無遺身殃，是謂習常。

天下有始，以為天下母。

本章開端，是解讀「無，名天地之始；有，名萬物之母」（一章）的鎖鑰，「天下有始」是本體論，「以為天下母」是宇宙論，二者統貫，則是本體宇宙論。原來，「始」跟「母」皆指涉道體。老子以道體的「無」，做為天地萬物的根源之始；以道體的「有」，做為天地萬物的生成之母。「無」跟「有」是道體的兩面向。「無」是無限，「有」是常在，因為道體本身無限，所以可以做為天地萬物的根源之「始」，因為道體本身常在，所以可以做為天地萬物的生成之「母」。道體既為天下人開發出價值的源頭活水，並用以陪伴天下人活出一生的美好行程。

既得其母，以知其子；既知其子，復守其母，沒身不殆。

「得其母」是存有論的「得」，而「守其母」則是工夫論的「守」。萬物得之道體的是天生本真的「德」，從超越說「道」，從內在說「德」，「道生之，德畜之」（五十一章），前者是「既得其母」，後者是「以知其子」。「道」生成萬物，要合理的解釋萬物的存在，「德」畜養萬物，就是道給出萬物之所以存在的理由，人人皆天真，人人皆可以活出一生的真實美好。

問題在，人除了天生本真之外，尚有形氣物欲的存在，在「化而欲作」（三十七章）與「始制有名」（三十二章）的牽引造作之下，人生行程每一步的前進，也就是每一步的墮落，天生本真在名利權勢的爭逐奔競中逐步失落。童年天真、青少年浪漫與青年的理想已一去不復返，人到中年，面目可憎而言語無味，看似光采，實則衰頹，造作虛妄，而純真不再，故亟待工夫修養。「既知其子，復守其母」，就是回歸道體，母子連線，找回失落的天真。在「貴食母」（二十章）中「復歸於嬰兒」（二十八章），嬰兒是天生本真的精純表徵，這一「知子守母」的「德」之回歸，就可以支持人過一生，而不會變壞，故曰「沒身不殆」。此有如「獨立而不改，周行而不殆」（二十五章），道體何以「不殆」，理由就在「不改」，不改其天真，怎會庸俗不堪，而難以回首話當年呢！

塞其兌，閉其門，終身不勤；開其兌，濟其事，終身不救。

《易經・說卦傳》：「兌為口。」人的形氣物欲，本屬中性；問題在，五官接物之門一開啟，外在形形色色的物象，隨即闖入，而人的心知又起執著的作用。由執著而造作，前進街頭打天下，此之謂「開其兌，濟其事」。《莊子・齊物論》有云：「其覺也形開，與接為構，日以心鬥。」「形開」是打開五官之門，感官與萬物相接，而構成心象，人忘不了又好比較，自己的內心就此成了今昔人我比高下的戰場，心頭亂紛紛，生命驚恐不定，所以說「終身不救」。扭轉之道就在「塞其兌，閉其門」，避開花花世界，心不起執著，而保有素樸純真，此非生命的自我封閉，而是儘管人間聲色在眼前飄過，也在耳邊流逝，卻不會在心頭停留，不會成為掛礙負累，不執著也就不造作，所以說「終身不勤」。勤勞一定帶來負累，不勞也就不累，不累，人生才可能長久。

見小曰明，守柔曰強；用其光，復歸其明。無遺身殃，是謂習常。

從「開其兌」的發端，即預知「終身不救」的終局。此之謂「見小曰明」，見微知著，洞燭機先，這就是虛靜明照的智慧，也就是所謂的「微明」（三十六章）。從「塞其兌」的內斂涵藏，而獲致「終身不勤」的釋放自在，此因放下而不累，因不累而長久，此之謂「守柔曰強」，也就是所謂的「柔弱勝剛強」（三十六章）。人生修養，在細微處看到人生困苦的兆端，是智慧的「明」；在柔弱處尋求價值的永不毀壞，是生命的「強」。

智慧發光，可以照明人間，也照現萬物，然而「光」有負作用，光芒四射，光亮耀眼，會刺傷別人的眼睛，會讓身邊的人黯然失色、黯淡無光，所以要自我解消，涵藏自己的光采，不要神采飛揚而壓迫別人，所以說「復歸其明」。像鏡子一般，只照現而不刺眼，這樣的明照，不會引來天下人的反感，不會成為天下人「取而代之」的標靶，此之謂「無遺身殃」。人生的優點也就是缺點，優越光采是得罪天下人的，終將成為自身的災難。回歸純真而與世無爭，那天下人誰會來跟我爭呢！「習常」就是「襲明」（二十七章），「襲」當「因」解，「因」是順任之意，順任智慧光照，「知常曰明」（十六章），照現的不就是天地間的常道嗎？

智慧發光，可以照明人間，也照現萬物，然過於耀眼的光芒，會刺傷別人的眼睛，且讓身邊的人黯然失色。（攝影：陳輝明）

第53章

行走大道的唯施是畏

同是天涯淪落人，田園將蕪胡不歸。

使我介然有知，行於大道，唯施是畏。大道甚夷，而民好徑。朝甚除，田甚蕪，倉甚虛；服文綵，帶利劍，厭飲食，財貨有餘，是謂盜夸。非道也哉！

這一章義理內涵相當淺顯，惟某些詞語在校勘與訓詁上，各家見解歧異。

使我介然有知，行於大道，唯施是畏。

「使我介然有知」，「使我」是假設的語氣，「我」設為在位者的自稱，「介然」是「微」也，勞健《老子古本考》另釋為「堅確貌」，「有知」是有了「自知者明」的明照，而不是「知人者智」的智巧。意謂假使讓我有那麼一點省思覺悟的話，或假使讓我有真確而堅定的覺悟。

「行於大道，唯施是畏」，則是全章的重心所在，從政者治國平天下，要把天下人引向何處去？正面的說是引向大道，大道是人人都可以走的路，是「道法自然」與「百姓皆謂我自然」的路；反面的說，則是「唯施是畏」，「自然」的相對是「他然」，也就是人為的干擾。《王弼本》云：「唯施為之是畏也。」此說最是直接，「施」當「施為」解。本來語句結構當作「唯畏施」，為了強調「施」的關鍵地位，故提到動詞「畏」的上頭，中間加了語氣詞「是」。「畏」接近《論語》的「君子有三戒」與《莊子》的「天下有大戒二」的「戒」，意謂唯以施為為戒，唯恐自身在權力的滋味之下，會起人為造作，而干擾妨害了天下百姓的家常日常。「施」，王念孫《讀書雜志》解成「斜」，再轉為「邪」，故云：「唯懼其入於邪道也。」「施」當作「斜行」解，《孟子·

離婁下》：「施從良人之所之。」亦有同樣的用法。此說依據《韓非子・解老》：「所謂貌施也者，邪道也。」而做出的轉折，〈解老〉引作「貌施」，劉師培跟進，云：「貌，夸飾之意，與施同為邪道。」是則邪道與「大道」相對。行大道而畏邪道，語意明確，而少了「唯」的強化語氣，字裡行間似乎失落了抑揚頓挫的美感。

大道甚夷，而民好徑。

「夷」，《說文》：「行平易也。」大道自然平坦易行，不必依恃過人的才氣與深厚的學養；「民」依字面解，指涉的是天下人民，世俗民間好抄小徑，舍大道而弗由，此說看似順理成章，實則與道家理路不合。因為老子認為天下百姓的生活困頓，皆來自政治的誤導，在位者尚賢、貴貨、見可欲，把天下引向爭名奪利的狂潮，所以要從政者「行不言之教，處無為之事」（二章）與「為無為，則無不治」（三章），問題的癥結端在掌握權勢者的有心有為，對治的藥方就在於政治領導人的無心無為。此奚侗云：「民當作人，指人主而言。」「徑」，是路狹而捷，人主急功近利，不走大道而抄小路，看似精明，卻給天下帶來了不必要的困擾與疲累。故云：「慧智出，有大偽。」（十八章）慧智出是有心有為的人為造作，不如「絕巧棄利，盜賊無有」（十九章），無心無為的回歸自然，大偽消散，天下也就太平無事了。

朝甚除，田甚蕪，倉甚虛；服文綵，帶利劍，厭飲食。財貨有餘，是謂盜夸，非道也哉！

解讀此句，若「朝甚除」與「田甚蕪，倉甚虛」作一對比，則「除」當「治」解，王弼注云：「潔好也。」即朝廷富麗堂皇，而聽任民間田地荒蕪，倉庫空虛，逼顯在位者的失政敗德；若「朝甚除，田甚蕪，倉甚虛」與「服文綵，帶利劍，厭飲食」作一對比，則「除」讀為「塗」，做「污」解（高亨《老子正詁》），即朝廷污染，以致田地荒蕪，倉庫空虛，而當政者自身卻衣飾華麗，利器在身（權勢在握），且飲食講究，此逼顯在位者極盡奢侈腐化之能事，總說是「財貨有餘」。暴殄天物，餘食贅行，天下人尚且厭惡它，所以有道的人不會奢華自處。故下文以「是謂盜夸，非道也哉」，做出價值的論斷。「夸」，《說文》：「奢也。」在位者奢侈，劫掠民間財富，形同盜竊。《王弼本》：「夸而不以其道得之，竊位也。」人主非道無德，而竊居高位，故給出「盜夸」的評價。惟《韓非子・解老》「盜夸」作「盜竽」，「竽」為樂器之首，竽唱則眾樂皆和，故「盜竽」猶言「盜魁」，驕奢之甚，正是竊取權位者的寫照。

二十九章云：「將欲取天下而為之，吾見其不得已！天下神器，不可為也，不可執也，為者敗之，執者失之。……是以聖人去甚，去奢，去泰。」可與此章在相互印證中，掘發「行於大道，唯施是畏」的政治智慧。

第54章

建德抱道的不拔不脫

讓天下回歸天下的自己、讓鄉土回歸鄉土的自己。

善建者不拔，善抱者不脫，子孫以祭祀不輟。修之於身，其德乃真；修之於家，其德乃餘；修之於鄉，其德乃長；修之於國，其德乃豐；修之於天下，其德乃普。故以身觀身，以家觀家，以鄉觀鄉，以國觀國，以天下觀天下。吾何以知天下然哉？以此。

善建者不拔，善抱者不脫，子孫以祭祀不輟。

「建者」乃建於德，「抱者」乃抱於道，依「道生之，德畜之」（五十一章）來看，生命存在的內在根基，在天生本真的「德」，而生命存在的形上源頭，在天生萬物的「道」。「既得其母，以知其子」，故建於德；「既知其子，復守其母」（五十二章），故抱於道。建於德是讓自己的存在合理，抱於道是給出萬物存在的理由，德從道來，「建於德」從「抱於道」來，故知子要守母，因為回歸母體之道的價值源頭，子德的生命活水在源源流注之下而不會枯竭。在道生德養的生成作用中，子孫得以世代綿延而祭祀不輟。

此「祭祀不輟」源自「德」的永不拔除，而「德」的永不拔除，源自「道」的永不脫落；而不拔、不脫來自善建、善抱的「善」。道家義理，「善」就無心自然說，「善建」是無心的建，「善抱」是無心的抱，「善」不是知識性、技術性的精到善巧，而是心知的解消與生命的靈動。二十七章云：「善閉無關楗而不可開，善結無繩約而不可解」，「閉」在保護自我，「結」在結交天下，保護生命要「善閉」，結交朋友要「善結」，「善閉」如同「建於德」，「善結」猶如「抱於道」，閉用門鎖，結用繩約，而門鎖、繩約有形，即可能被解開被切斷，故善閉、善結的「善」，就在「無關楗」、「無繩約」的「無」，無形的門鎖、無形的繩約就永不會被解開被切斷，就像建於內在之德的永不可拔除，抱於超越之道的永不會脫落一樣。

修之於身，其德乃真；修之於家，其德乃餘；修之於鄉，其德乃長；修之於國，其德乃豐；修之於天下，其德乃普。

「修之於國」，他本作「邦」，避劉邦諱而改。「善」既是修養的工夫，而建德源自抱道，故工夫的修養就在「抱道」中「建德」，要將道體的「無」，修之於身家鄉國天下，此如同《大學》修身、齊家、治國、平天下的序列，只是儒家的修是人文化成，道家的修是回歸自然，且老子在修身、齊家與治國、平天下之間，多了「修之於鄉」，深藏其間的意義在，儒家人文關懷的譜系中，被遺忘而失落的田園鄉土，在《道德經》被保存了下來，「禮失求諸野」，此為最佳寫照，鄉土素樸純真，正是道家生命關懷的重心所在。

抱道在懷抱道體的「無」，在「貴食母」（二十章）中，由修養而保有，由抱道而建德，讓自身純真，家室寬容，鄉土成長，邦國豐厚，天下平治。純真實現生命自我，寬容給出生兒育女的餘地，成長在農耕農作的收成，豐厚在國計民生的護持，平治在天下美好的普及遍在。「德」是存在的真實合理，身家、鄉國與天下的存在，皆在抱道中建德，也在合理中自然生成，且天長地久。

故以身觀身，以家觀家，以鄉觀鄉，以國觀國，以天下觀天下。

「觀」是觀照，觀照是虛靜心的作用，「致虛極，守靜篤，萬物並作，吾以觀復」（十六章），道家修養工夫在心上做，致虛無心，守靜無為，心虛靜如鏡，觀照人間萬象，讓天下人在「並作」的紛擾中，回歸生命的本身。「並作」是街頭亂象，「復」是找回真實，致虛守靜體現了道體的「無」，解消心知的執著與人為的造作，以身觀照身的自己，以家觀照家的自己，以鄉觀照鄉的自己，以國觀照國的自己，以天下觀照天下的自己。沒有假借，沒有操控，沒有宰制的並作扭曲，身家鄉國天下，皆在生命主體的「觀」照中，照現「復」歸，身回歸身的自己，家回歸家的自己，鄉回歸鄉的自己，國回歸國的自己，天下回歸天下的自己。身家鄉國天下，因「修」而有「德」，因「觀」而照現了自己，身家鄉國天下的本身，就是目的，而不是名利心的籌碼，與權力欲的工具。回歸真實的自己，也就是「道法自然」了。

吾何以知天下然哉？以此。

最後，「吾何以知天下然哉？以此。」問何以知天下的真相，就在虛靜心的觀照作用中照現的。

第55章

赤子天真的精至和至

赤子純真，生命完足；人為增益，不道早亡。

含德之厚，比於赤子。蜂蠆虺蛇不螫，猛獸不據，攫鳥不搏。骨弱筋柔而握固，未知牝牡之合而全作，精之至也。終日號而不嗄，和之至也。知和曰常，知常曰明；益生曰祥，心使氣曰強。物壯則老，謂之不道，不道早已。

含德之厚，比於赤子。蜂蠆虺蛇不螫，猛獸不據，攫鳥不搏。

「含德之厚，比於赤子」，當指修養工夫而言，若就存有論說，人人天真，人人德厚，不必以「比於赤子」來描述。在人生成長路上，與人奔競爭逐，天真逐步流失，故通過修養工夫，致虛守靜，把失落的天真修補回來，「復歸於嬰兒」（二十八章）也就是德厚如赤子了。

「蜂蠆虺蛇不螫，猛獸不據，攫鳥不搏」，此赤子嬰兒的德厚天真，與道同在同行，融入天地萬物的自然理序間，無心無為，不自外於萬物，不會引發緊張，更不會構成威脅，故蜂蠆虺蛇不會以毒刺毒牙來螫咬，猛獸不會以利爪來抓裂，飛禽不會以翅膀來拍擊。此不是百蟲不侵，禽獸無傷的特異工夫，而是自身不想擴展地盤，不去壓縮別人的空間，沒有傷害萬物的意圖，自不會引來毒蛇猛獸自我防衛的致命一擊。此有如「兕無所投其角，虎無所措其爪，兵無所容其刃」（五十章），人因德厚不爭而「無所」，我不要名不要利，退出名利圈與權力場，不留給天下人可以打敗我的空間，此之謂「無所」。我不打天下，不與天下人為敵，就可以遠離人間權謀算計的紛擾與傷害，人我之間「相忘於江湖」，那不就等同不螫、不據、不搏了嗎？不就是「無所」、「無死地」了嗎？

骨弱筋柔而握固，未知牝牡之合而全作，精之至也。

此說赤子德厚，筋骨柔弱而其握甚固，拳握因柔軟而密合無間，且童年天真，不知男女的分別，所以也未有欠缺另一半，而求合為一體的青春萌動。「全作」依字面解，因「常德不離」、「常德乃足」（二十八章），不會有少男少女懷春多情的煩惱，故生命力得以全幅的展現。惟《河上公本》「全」作「峻」，《傅奕本》作「朘」，《說文》：「赤子陰也。」而《河上公本》注云：「赤子未知男女之合會，而陰作怒者，由精氣多之所致也。」故「全作」意謂男童精氣的自然蓬勃。俞樾疑「全」本作「侌」，係陰之古字，脫誤而為「全」。《河上公本》近民間系統，重養生義，《王弼本》近文人系統，重玄理思辨，今二說並存。惟「精之至」，當依「窈兮冥兮，其中有精；其精甚真，其中有信」（二十一章）以求解，道體「窈冥」的「無」，在生成作用中，顯發為「精象」的「有」，而精象無形，其真就在信物有形而可徵驗。此「精之至」，即「常德乃足」，也就是「比於赤子」的「含德之厚」。

終日號而不嗄，和之至也。

嬰兒號哭終日，屬自然節奏的生命律動，以其無心，不傷情故聲不啞。《莊子・

庚桑楚》司馬彪注：「楚人謂嗁極無聲曰嗄。」故不嗄即聲不啞。「和之至」，從「萬物負陰而抱陽，沖氣以為和」（四十二章）來看，萬物形氣以沖虛而和合，「和」為陰陽感應而一體和諧，情不傷氣亦不傷，此由「精之至」而「和之至」，生命精純本足，無求於外，不會執著造作，不會與物對抗而決裂，而有一體和諧的自在美好。

知和曰常，知常曰明；益生曰祥，心使氣曰強。

前半是正面的論述，後半則是負面的省思。十六章云：「歸根曰靜，是謂復命，復命曰常，知常曰明。」此從歸根說復命，歸根是回歸「道」的本源，復命是復歸「德」的天真生命，依止於道根德本的終極之地，「靜」就是均衡和諧的狀態，在無為中的無不為，故云：「道常無為而無不為。」（三十七章）老子由「明」知常，而常在其「和」。吾心致虛守靜，而虛靜如鏡，可以照破妖惡，而照現真常。若心知執著以鼓動形氣，是為「心使氣」；人為造作以求增益資藉，是為「益生」，此增益強行之干擾助長，必適得其反，《王弼本》云：「生不可益，益之則夭。」此一如五十章所云：「人之生，動之死地，亦十有三。夫何故？以其生生之厚。」「生生之厚」是「益生」，「動之死地」也就是「益之則夭」，故「祥」即不祥。高亨《老子正詁》云：「祥，當讀為痒，同聲系，古通用，《爾雅．釋詁》：『痒，病也。』」是則益生，已成生命的病痛。

物壯則老，謂之不道，不道早已。

最後這句已見於第三十章。依上下語文脈絡來看，「物壯」來自「益生」，而「益生」在「心使氣」，心知執著而形氣耗損，悖離天道自然，而加速走向衰老之境，所以說「不道早已」。「已」是生命的終結，人由「益生」而「心使氣」，由「物壯」而「早已」，人生戲碼老是重演，堪稱悲劇宿命！

回歸「道」的本源、「德」的天真生命，在均衡和諧的狀態中，無為而無不為。

第56章

挫銳解紛的玄同高貴

知「道」的人不多說，多說的人不知「道」。

知者不言，言者不知。塞其兌，閉其門，挫其銳，解其紛，和其光，同其塵，是謂玄同。故不可得而親，不可得而疏；不可得而利，不可得而害；不可得而貴，不可得而賤。故為天下貴。

知者不言，言者不知。

「知者」指涉的是「自知者明」與「知常曰明」的明智之士，一如「古之善為士者，微妙玄通，深不可識」（十五章），「善為士」是體道之士，體現道體的微妙玄通，既深不可識，故不可說。言語說不盡，盡在不言中，所以說「知者不言」。而「言者」指涉的是「知人者智」的智多星之流，聞見雜博而心機算計，根本看不到人間的真情與天下的真相，所以說「言者不知」。「知者」走的是「為道日損」的生命進路，「言者」走的是「為學日益」的知識進路，「物或損之而益」，減損心知卻增益了道行，「或益之而損」，增益心知卻減損了道行。前者生命體現了道，言語已成多餘，故云「知者不言」；後者落在言語層次大說其道，沒有實踐，也沒有體悟，故云「言者不知」。

此白居易有詩云：「言者不知知者默，此語吾聞諸老君，若謂老君是知者，如何自著五千言。」此幽了太上老君一「默」。老君向眾生說道，號稱太上，而白居易的詩篇，婦孺可讀，號稱民間詩人，以民間回應太上，戲謔中藏有問難，老君不失「知者不言」本色，白居易卻落於「言者不知」而不自知，反擺了自己一「道」，誠千古趣事也。

實則，《道德經》五千言，說的正是「知者不言」的「道之理」，在不可說中說，說了也等於沒說，以遮為詮，而意在言外。後代學人不可落在語言概念的層次，來解讀老君五千言。《莊子・齊物論》有云：「道隱於小成，言隱於榮華。」言語榮華遮蔽了真情，而真言隱退，道行小成障隔了道理，而大道隱退，反而錯失了大道真言的實存。《莊子・知北遊》有云：「終身言，未嘗言；終身不言，未嘗不言。」原來，「不言」也是「言」的另一形式，不言之言，是為真言，少了榮華小成的遮蔽障隔，大道就在不言中透顯朗現。

白居易以「夫子自道」的「知者不言」，來質疑說了五千言的老君，此「以子之矛，攻子之盾」，意圖逼老君落於「言者不知」之自我否定的窘境。吾人試引當代西方的「層次論」，來為老君解套。「言者不知」，省思批判的對象是諸多以言語說道的學人家派，而說這句話的《道德經》本身，則不包括其中。道之言說傳統的總體，可視為第一序，而涉及這一總體的五千言，可視為第二序，二者分屬不同序位，故以「言者不知」，開了老君這麼一個天大玩笑，已犯了自我指涉的謬誤。如市政府公告欄張貼了「禁止在此張貼」的佈告，警示禁止的對象是已來此張貼或即將來此張貼的每一個人，而這一張貼的本身則不包括在內，否則，豈非演出了一場自我否定的鬧劇？故民間不能拉開「何以容許州官放火，而不許百姓點燈」的抗議布條，因為這一張貼的本身受到保護。吾人以知識理論來回應詩人浪漫，也算是「言者不知」的另一寫照吧！

塞其兌，閉其門，挫其銳，解其紛，和其光，同其塵，是謂玄同。

前兩句已見於五十二章，而後四句已見於第四章。「塞其兌，閉其門」，是關閉五官之門，以免聲光色相之街頭景觀，通過官覺闖入每一個人的心中，而心又有執著的作用，什麼都想要而致心頭亂紛紛，成了生命最大的困苦，故要在心上做「致虛守靜」的工夫。下文「挫其銳，解其紛，和其光，同其塵」，即是這一自我消解的工夫歷程，「是謂玄同」，則是這一修養工夫所開顯的境界。因為體道之士，以自身為道場，將道的有無玄妙體現在自家的身上，生命玄同於道，而與天地萬物一體並行。非如高亨《老子正詁》所云：「此論聖人臨民之術，諸其字，皆指民言。」依此說聖人無須工夫修養，以其權勢凌駕在天下百姓之上。四句工夫語，僅成政治權術的操作，旨在使民無知無識而便於治理，無怪乎錢穆先生要以愚民政策來論定老子了。

看上下語文脈絡，「其」字指涉的當是聖人自身。聖人挫損了自己的鋒銳，解開了自己的紛擾，消融了自己的光芒，而渾同自己於塵土。因為紛擾從鋒銳來，而鋒銳一定發出光芒，故挫損自己的鋒銳，一者解開了紛擾，二者消融了光芒，紛擾讓自己受不了，光芒讓天下人受不了。聖人治天下，要無掉自己的才學氣魄，也無掉自己的聖智仁義，人的光采亮麗，人的神聖高貴，在在都凸顯了自身的優越，而把天下人給比了下去。此「心使氣曰強」（五十五章）的鋒銳會壓迫自己，更會傷害別人，故聖人以道治天下，首當做「為道日損」之自我解消的工夫。紛擾就在天下人總想為自己平反，因為在位者搶盡了天下的光采，獨享生命的榮耀，自己鋒芒畢露，而天下人卻黯淡無光，也黯然神傷，試問為政如此又如何能融入民間鄉土，而與俗世塵土同在同行！故「挫其銳」的「無」，會生發「解其紛」與「和其光」之「有」的妙用。而此自己受得了，天下人也願意的「有」，給出了「同其塵」的存在空間。「天下萬物生於有，有生於無」（四十章）的生成原理，在聖人的修道體現中，得到了存在的呼應與生命的證成。

問如何解消「心使氣曰強」的病痛，答案就在「挫其銳」的心知化解，而「知和曰常」的形上智慧，就顯現在「同其塵」的人生實踐。此由「不道」而「玄同」，正看出上下兩章的義理連貫。

故不可得而親，不可得而疏；不可得而利，不可得而害；不可得而貴，不可得而賤。故為天下貴。

修養工夫既開顯了「玄同」於道的精神境界，也顯發了「玄同」於萬物的人生智慧，故沒有親疏、利害與貴賤的執著分別，超越在人間街頭的價值二分之上。「不可得」就是不可能有這樣的空間，不會落在世俗所親、所利與所貴的評量間，也不會受困於世俗所疏、所害與所賤的批判中，這一體現天道的生命人格本身，就是普天之下最為高貴的品格了。

第57章

正道奇變的忌諱紛擾

別把朋友逼上梁山。

以正治國，以奇用兵，以無事取天下。吾何以知其然哉？以此：天下多忌諱，而民彌貧；民多利器，國家滋昏；人多伎巧，奇物滋起；法令滋彰，盜賊多有。故聖人云：我無為而民自化，我好靜而民自正，我無事而民自富，我無欲而民自樸。

以正治國，以奇用兵，以無事取天下。

此句看似三者分立，各得其宜，治國要以正道，用兵要以奇變，而取天下要以無事。問題在，治國與取天下之間，何以要有「正道」與「無事」之分？若「以正治國」合理的話，照理說也當「以正取天下」；反之，若「以無事取天下」是對的話，那也當「以無事治國」才對。因為國與天下只有大小之分，而未有本質之別。

看上下語文脈絡，此中大有轉折，關鍵在「以奇用兵」。《王弼本》云：「以道治國則國平，以正治國則奇正起也，以無事則能取天下也。」是則，以正治國與以道治國，已做出區隔，以道治國也就是以無事治國，一國之政局可歸於平治；以正治國則引生奇正之對應，故云：「以正治國則不足以取天下，而以奇用兵也。」有正則有奇，治國而以正道自我標榜，會逼出其他諸侯國「以奇用兵」的奇變回應。何為「奇變」？即以仿冒作假等詐術來符合正道的標準，或以黑函造謠等手段來顛覆正道之形相，你凸顯禮樂教化之正道，我則擺出征伐縱橫之奇變，來為自己平反，以求得兩國間的恐怖平衡。故「以正治國」必帶出「以奇用兵」的詭譎回應，不如不正亦不奇，而回歸天下本無事的自然和諧。無事來自無為，無為本於無心，無掉心知的執著，奇變式的人為造作，也就可以消解於無形了。

吾何以知其然哉？以此：天下多忌諱，而民彌貧；民多利器，國家滋昏；人多伎巧，奇物滋起；法令滋彰，盜賊多有。

「吾何以知其然哉？以此」，此言我憑什麼判定「以無事取天下」的觀點，是可以成立的，就依據下列的論述。故下文即由列國間的奇正對應，轉為君民間的奇正反制。「天下多忌諱」與「法令滋彰」，是「以正治國」所帶出來的專制獨斷，而「民多利器」與「人多伎（智）巧」，正是「以奇用兵」的民間反制。在位者心知執著的忌諱，落實在天下，則是法條規章的一再推出。《王弼本》云：「民多智慧則巧偽生，巧偽生則邪事起。」「伎巧」即智巧，而「奇物」則是邪事。智巧本是奔競爭逐的利器，此人為造作妨害了天生自然，就是所謂的邪事了。蘇轍《老子解》云：「利器，權謀也。」心機算計，正是智巧的人間運作。由是而言，忌諱法令，是「以正治國」的正道標竿；而利器智巧，則是「以奇用兵」的巧偽奇變。此官方的「正」道，逼出民間的「奇」變，奇正對應而兩相剋制，此其後果則是相互抹殺而彼此抵消，國家固昏亂，而人民也窮困，還不如一體放下，官方少忌諱法令，民間不用智巧利器，沒有正道的執著傲慢，也就沒有奇變的詭譎造作，不就可以在「道法自然」（二十五章）之下，「為無為，則無不治」（三章）了嗎？

故聖人云：我無為而民自化，我好靜而民自正，我無事而民自富，我無欲而民自樸。

最後，以「聖人云」作結。聖人治天下，生百姓，要從「以正治國，以奇用兵」的執著造作，回歸「以無事取天下」的清靜無為。「我」是聖人的自稱，而「民」則指涉天下人民。聖人無為、無事、無欲，皆由無心無知而來，總說是「好靜」，既無忌諱法令，天下人民也不起智巧利器，上下平靜無事。「自化」相應於「國家滋昏」而言，「自正」相應於「盜賊多有」而言，「自富」相應於「而民彌貧」而言，「自樸」相應於「奇物滋起」而言。聖人的「無為」、「無事」、「好靜」、「無欲」是修養工夫的「無」，百姓的「自化」、「自正」、「自富」、「自樸」則是生成作用的「有」，「天下萬物生於有，有生於無」(四十章)，此天下百姓的正定、富足，生化、樸實的「有」，生於聖人無心無為的「無」。「道常無為而無不為。」(三十七章)天道無為無事，萬物自生自化，聖人無為無事，百姓自正自定。這就是道家形態的「天下有道」。

總結全章，先從「以正治國，以奇用兵」，襯托出「以無事取天下」的論點，再從「以正治國，以奇用兵」流落民間的負面效應，來支持「以無事取天下」的論述；最後，回到聖人「以無事取天下」的工夫與智慧，沒有「正」道的忌諱，就可以遠離「奇」變的紛擾，而歸於天下本無事的一體和諧了。

第58章

禍福倚伏的迷離困惑

禍福之間僅一門之隔。

其政悶悶，其民淳淳；其政察察，其民缺缺。禍兮福之所倚，福兮禍之所伏。孰知其極？其無正。正復為奇，善復為妖，人之迷其日固久。是以聖人方而不割，廉而不劌，直而不肆，光而不燿。

其政悶悶，其民淳淳；其政察察，其民缺缺。

此句正承繼上章聖人要如何治天下的思考。「其政悶悶」，是「以無事取天下」，「其民淳淳」，則是「而民自化」、「而民自正」、「而民自富」、「而民自樸」；而「其政察察」，是「以正治國」，「其民缺缺」，則是「奇物滋起」與「盜賊多有」。

所謂「悶悶」，是無心無為，王弼注云：「無政可舉。」所謂「察察」，是有心有為，王弼注云：「主刑名，明賞罰，以檢姦偽。」此注已近法家治道，似過甚其辭。「其民淳淳」，王弼注云：「無所爭競。」因為官方「無政可舉」，所以民間「無所爭競」，而歸於淳厚；「其民缺缺」，王弼注云：「民懷爭競。」因為官方依名實驗真假而明賞罰，故民間懷爭競之心，民風為之澆薄。聖人化民成俗，「悶悶」無為則民風淳厚，「察察」有為則民風涼薄。前者正是「物或損之而益」，後者則是「或益之而損」（四十二章）。

禍兮福之所倚，福兮禍之所伏。孰知其極？其無正。

此言禍福二分，一如美醜善惡與成敗得失，皆起於心知的執著，看似客觀而界線分明，實則由主觀的認定而來。民間世俗一向以功成名就為福，以無功無名為禍，果真如此，那麼《莊子・逍遙遊》為什麼要說「神人無功，聖人無名」呢？「悶悶」無為看似禍，「淳淳」自在則是福；「察察」有為看似福，「缺缺」失真則是禍。如同一扇門的兩面般，從門的這一面看是禍，而福已靠在門邊；從門的另一面看是福，而禍已藏在門後，故禍福之間，一門之隔而已！舉例來說，青少年死背書，考高分就是福嗎？有沒有想過填鴨之下，而失去學問的胃口，豈不是反成了大禍嗎？故天下事是福是禍當真一時難定，老子在此自問自答，問「孰知其極」，答「其無正」，有誰能給出究竟的解答呢？恐怕找不到確切的分界點吧！因為，禍福不從外在物象而來，而由主體心境而定。

實質上，「極」就在自家的執著，認定什麼是福，什麼是禍，而把一生封限在街頭流行的功利主義與升學主義中，痛失了生命無限可能的自在天空。「其無正」，為天下人解套，顛覆了每一個人心中根深柢固的「極」，而從禍福二分的束縛中掙脫而出，走自己想走的路，並活出自己想要的內涵，這才是人生的「常道」與「常名」。

正復為奇，善復為妖，人之迷其日固久。

此言正道會轉為奇變，而善德也會變成妖惡，這可不是《荀子・天論篇》所說「天行有常」之天地自然的運行軌道，而是心知執著與人為造作所帶來的扭曲變質；

這不是物理現象的變化規律，而是執著造作的顛倒沉落。「正復為奇」，就是「以正治國，以奇用兵」的濃縮簡化，正道逼出奇變，檯面上正大光明，背地裡詭譎奇變，也就是只問目的，而不擇手段。實則，目的不能讓手段合理，甚且，目的的合理性反被手段顛覆，原本「正」道的「善」德，在心機算計的權術運作下，成了「奇」變的妖「惡」了。以是之故，「正復為奇」是扭曲，而「善復為妖」則是變質，這是人文世界的顛倒與沉落！

依老子的省思，你以仁義正道自我標榜，人家就以假仁假義的奇變來對應；你以聖智正道自我期許，人家就以假聖假智來對應，迫使人間最真實的仁義聖智，竟成了虛假，這不就是「善復為妖」的最佳寫照嗎？長久以來，天下人執迷於正道善德，卻反而掉落在奇變妖惡間，這不就是人世間最大的困惑嗎？舊時傳統，把天下美女的形象，執定在西施的一顰一笑間，迫使普天之下的東施，只好捧心效顰，此求美不成，反而失落了自身的美好，這何止是困惑，根本是集體的悲劇。《莊子・大宗師》云：「與其譽堯而非桀也，不如兩忘而化其道。」為什麼他會成為桀紂，因為他想當堯舜，此有心有為適得其反，善德不成，反流於妖惡了。「兩忘」就是同時放下堯與桀的二分，沒有了堯的正道，也就不會有桀的奇變了，本有的善德也就不會變質而為妖惡了；「化其道」，也就是回歸「以無事取天下」的「道法自然」（二十五章）。

是以聖人方而不割，廉而不劌，直而不肆，光而不燿。

人生的迷離困惑，既由心知的執著與人為的造作而來，故超離之道，端在聖人主體心靈的化解。聖人治天下，就在體制架構中，方正、廉潔、正直、光明等實有層的理序規範，沒有人可以衝決毀壞，老子的重心擺在作用層的化解，雖方正而不割裂，雖廉潔而不傷害，雖正直而不放肆，雖光明而不耀眼，此化解的作用，可以保住方正、廉潔、正直、光明的實有。若少了自我解消的工夫，會帶來自我毀壞的後果，因為，正面會帶出它的反面，方正一定割裂，廉潔一定傷害，正直一定放肆，光明一定耀眼。「不」是作用層的化解，不是實有層的否定，老子「無」的大智慧，不在毀棄人間的既有理序，而在保存人間的本來美好。

禍福如同一扇門的兩面，從門的這一面看是禍，而福已靠在門邊；從門的另一面看是福，而禍已藏在門後，禍福之間，一門之隔而已！（攝影：鄭明禮）

第59章

治人事天的服道積德

內斂涵藏，青春不老。

治人事天，莫若嗇。夫唯嗇，是謂早服；早服謂之重積德；重積德則無不克。無不克則莫知其極；莫知其極，可以有國；有國之母，可以長久。是謂深根固柢，長生久視之道。

治人事天，莫若嗇。

本章以「治人事天，莫若嗇」揭開全章的主題，治人之道在事天，而事天之道在回歸天地自然。人道要走天道的路，依農家鄉土的體會，「莫若嗇」，即沒有比「嗇」更貼切的了。「嗇」字從來從㐭，上半是麥，下半象穀倉之形，亦即秋收冬藏之意。就人生體悟說，自家的光采亮麗，總要內斂涵藏。《韓非子・解老》：「聖人之用神也靜，靜則少費，少費之謂嗇。」又云：「嗇之者，愛其精神，嗇其器識也。」此直以無心無為解「嗇」之意涵。因為有心有為勞累耗神，會由「物壯則老」，而走向「不道早已」。

夫唯嗇，是謂早服；早服謂之重積德；重積德則無不克。

「夫唯嗇，是謂早服」，王弼注云：「早服常也。」《韓非子・解老》云：「夫能嗇也，是從於道，而服於理者也。」高亨《老子正詁》即據此而合理的懷疑：「『服』下當有『道』字，早服道與重積德，句法相同，辭意相因。」服常即服道，服道即行道，「早服道」如同「貴食母」（二十章），早日依道而行，由「嗇」之內斂涵藏，回歸「道法自然」（二十五章）之生成原理。

「早服謂之重積德」，此十六章云：「歸根曰靜，是謂復命。」歸根即早服道，復命即重積德，在歸根中復命，也就是在「早服道」中「重積德」。「含德之厚，比於赤子」（五十五章），也就是重積德，通過修養工夫，把人生路上失落的德，再修補回來，「復歸於嬰兒」（二十八章），而赤子嬰兒自我完足，與世無爭，不用自我保護，也不必結交天下，什麼都不想要，所以也就沒有任何弱點。「夫唯不爭，故天下莫能與之爭」（二十二章），故下文接著說：「重積德則無不克。」「無不克」可不能執實的說，不是征服天下，攻無不克之意，而是既不爭逐名利，也不奔競權勢，那就沒有什麼要去克制對抗的挑戰。老子不是說「及吾無身，吾有何患」（十三章）嗎？自身無患也就是所謂的「無不克」，因為再也沒有什麼不能克服的弱點了。

無不克則莫知其極；莫知其極，可以有國；有國之母，可以長久。

人生既無不可克服的弱點，無須「以正治國，以奇用兵」（五十七章），也就避開了「正復為奇，善復為妖」（五十八章）的扭曲變質，既不正也不奇，不就可以回歸「以無事取天下」的太上之治嗎？「莫知其極」，是在沒有忌諱、沒有制約之下的天地無限寬廣，沒有人知道他的極限在哪裡。開放的心靈，與多元的價值，可以給出天下人活出自己的空間。故下文云：「莫知其極，可以有國。」有國是可以保有天下，在

「其政悶悶」悶而朗現「其民淳淳」（五十八章）的自在美好，此聖人無心無為而百姓自歸淳樸的治「道」，就是「有國之母，可以長久」了。「母」是生成原理，天道在沒有自己中生萬物，聖人也在沒有自己中生百姓，「以其不自生，故能長生」（七章），就因為天地聖人不把「生」封限在自家的身上，所以才能長久的生萬物生百姓。

是謂深根固柢，長生久視之道。

最後，以「是謂深根固柢，長生久視之道」作結，深根固柢，在「有國之母」，「母」就是長生久視之「道」，是生命所以能長久的生成原理，故人間長久生自天長地久的自然之道。總說，「有國」是「治人」，「有國之母」是「事天」，而人道要走天道的路，沒有比「嗇」之涵藏，更能體現天道的虛靜自然了。

第60章

聖人鬼神的兩不相傷

治理大國像蒸小魚一般。

治大國，若烹小鮮。以道蒞天下，其鬼不神；非其鬼不神，其神不傷人；非其神不傷人，聖人亦不傷人。夫兩不相傷，故德交歸焉。

治大國，若烹小鮮。

本章開宗明義，「治大國，若烹小鮮」，堪稱是道家政治思想之具體而微的智慧結晶。這句名言，天下人或許甚易知，卻莫能行，因為權力的滋味既是擋不住的魅力，會讓人忘了自己的限制，而在權力中腐化了自己；故云：「貴以身為天下，若可寄天下。」（十三章）說一個把自身看做比天下還高貴的人，也就是一個不要天下的人，我們才可以放心的把天下寄託在他的身上。天下對他來說，既是多餘的，他自然會還天下於天下，以天下觀照天下了。此觀照天下不就是生成天下嗎？

治理大國要像「烹小鮮」般的清靜無為，「小鮮」是小魚，「烹」是「蒸」，不可以熱火炒作，以免攪爛了小魚。蘇轍《老子解》：「烹小鮮者不可撓，治國者不可煩，煩則人勞，撓則魚爛。」道家的虛靜，重在化解執著造作的勞累，因為不累，人間美好才可能長久。此之謂「緜緜若存，用之不勤」（六章），若有還無，也就用之不累了。

以道莅天下，其鬼不神；非其鬼不神，其神不傷人；非其神不傷人，聖人亦不傷人。

接著，分三層次展開論述。其一「以道莅天下，其鬼不神」，「莅」當「臨」解，在位者以道君臨天下，「道常無為而無不為」（三十七章），聖人無為，而百姓無不為，不干擾家常日常，不妨害農耕農作，讓百姓在日出日落間作息，在時令節氣間耕耘，自然已足，而無待人為僥倖。故普天之下的牛鬼蛇神一概退位，「不神」即失去展現神威的空間，因為天下人不必祈求神靈來庇佑自己。

其二「非其鬼不神，其神不傷人」，也不是牛鬼蛇神突然間失去了本有的威力，而是就算擁有神奇靈異的威力，也不能傷害在無為而治下，「知足不辱」（四十四章）的天下人民。因為天下人民既無求於牛鬼蛇神的神跡靈驗，也就不會受到神道靈界的制約，在疑神疑鬼之際，失去自我伸展的價值空間。所謂「天高皇帝遠」，是幾千年來每一個中國人的心聲，何以天（神）要高，皇帝（聖人）要遠，因為天高才不會壓縮人的精神空間，皇帝遠才不會干擾百姓的家居日常。天尚且要高，牛鬼蛇神在人間還有立足的空間嗎？

其三「非其神不傷人，聖人亦不傷人」，也不是牛鬼蛇神的威靈不能傷害人，根本上是聖人不會傷害人。老君千迴百轉轉到了第三層次才點出了天下病痛的癥結，就在聖人有心有為，傷害天下人在先，牛鬼蛇神的邪魔外道，才會傷害天下人於後。原來，人物走在人間的人生行程，最大的傷害來自人間自以為聖人智者的在位掌權者，他們自以為是天道的代表，集至善（聖）全能（智）於一身，權力的傲慢，傷害了天下百姓的尊嚴；而尚賢貴貨逼天下人走向名利爭逐的不歸路，在成敗得失中困苦難堪，不擇手段之餘，只好求救於牛鬼蛇神的靈驗神通，此造成了人道與神道的雙重威逼與傷害。

在牛鬼蛇神的民間信仰上，本來關懷的重心擺在「在不在」的問題上，而神靈無聲無形，轉而在「神不神」上用心，為了證明神靈有祂的功能效應，故扮神弄鬼來顯現靈驗神跡，以取得市井小民的拜服信仰。此在孔子儒家，一者子不語怪力亂神，二者言「祭如在，祭神如神在」。將神「在不在」的客觀問題，轉向主體生命「敬不敬」的心態上，三者言「敬鬼神而遠之」，正與道家老君以「傷不傷」取代「神不神」的睿智洞見，前後呼應而相得益彰，所謂「遠之」，即還給人文應有的自在天地，而避開投靠託庇神鬼，而反受制約的傷害。

夫兩不相傷，故德交歸焉。

最後，以「夫兩不相傷，故德交歸焉」作結，聖人與鬼神，兩不傷害人，聖人不傷人，即回歸「以道莅天下」的自然之治，「百姓皆謂我自然」(十七章)，牛鬼蛇神頓時失去神威法力，天下百姓因著聖人與鬼神的傷害而流失的本德天真，也就交相回歸自家的身上了。這樣的政治智慧，不就像「烹小鮮」般的簡易高明嗎？

第61章

大國宜下的兼容並蓄

下流自處，眾水交會。

大國者下流，天下之交，天下之牝。牝常以靜勝牡，以靜為下。故大國以下小國，則取小國；小國以下大國，則取大國。故或下以取，或下而取。大國不過欲兼畜人，小國不過欲入事人。夫兩者各得其所欲，大者宜為下。

大國者下流，天下之交，天下之牝。

上章「治大國，若烹小鮮」，論為政之道，本章則從內政轉論外交，講「大國者下流」的處世之道。此《河上公本》云：「治大國當如居下流。」高亨《老子正詁》云：「此句當作『治大國若居下流。』」二說與全章義理不合，因此章不言大國本身當如何平治的問題，而論大國與眾小國間要如何相處的問題。處在列國對峙間，可以獨霸，也可以結盟；可以合縱，也可以連橫。老子則不在國富兵強的爭競，與權謀算計的應變上思考，而在智慧的層次，給出大國「以其終不自為大，故能成其大」（三十四章）的生成天下之道。

理由在，處於「天下之交」的下流，正是天下眾水的交會之地，此一兼容並蓄的無不包容，讓天下眾水有個匯歸處，不會流離失所，氾濫成災。此等同「天下之牝」的生成作用，「牝」是母，是形上道體的「有，名萬物之母」（一章）。

牝常以靜勝牡，以靜為下。

牝母是雌，而公牡是雄，雌守靜而雄躁動，牝以靜勝牡，猶「知其雄，守其雌」（二十八章），「知其雄」的志業開創，根本在「守其雌」的清靜無為。故所謂「勝」，乃在雌雄動靜間，成其一體的和諧。二十六章云：「靜為躁君」，動靜本相對，然老子的體會，「靜」近於道體的虛靜無為，故為「動」的君主根本。此守靜即是處下，如「水善利萬物而不爭，處眾人之所惡，故幾於道」（八章），水無心的往低處流，處在眾人所厭惡的卑微之地，做出利萬物的高貴事業，故直是天道生萬物的人間朗現。「靜」在此既是無為的工夫，又是均衡和諧的境界。

故大國以下小國，則取小國；小國以下大國，則取大國。故或下以取，或下而取。

「大國以下小國」、「小國以下大國」，此二「下」字皆當動詞用。大國放下大國的強大氣勢，而擺出低姿態，處在眾小國之下，就可以取得小國的依附擁戴，此是解消現實的「大」，而成全價值的「大」；反之，小國守住小國之弱小分位，而藏身在大國之下，就可以得到大國的包容保護，此是守住現實的「小」，而成全價值的「小」。蘇轍《老子解》云：「大國能下，則小國附之；小國能下，則大國納之。」在大小諸侯國間，處下不爭，不是受制屈服於現實，而是價值的承擔，以「道」維持天下的安定太平，這就是「天下之牝」的生成原理。歸結的說，「或下以取，或下而取」，古「以」字與「而」字通，有以下而取小國，也有以下而取大國，此二句乃順承上文的結語。

此孟子也有類似的關懷，《孟子・梁惠王》云：「惟仁者能以大事小。……惟智者能以小事大。……以大事小，樂天者也；以小事大，畏天者也。樂天者保天下，畏天者保其國。」有仁心的人能以大事小，有智慧的人能以小事大，仁者可保天下之太平，智者可保其國的生存，不論保天下的樂天之道，或保其國的畏天之道，其根據就在形上之道的天理。對老子而言，「以靜為下」，「下」是化解的作用，「靜」則是作用的保存，化解的作用是智，作用的保存則近於仁，兩家身處戰國亂局，都有等同的人道關懷與哲理體悟。

大國不過欲兼畜人，小國不過欲入事人。夫兩者各得其所欲，大者宜為下。

此「欲」當意欲、意圖解，大國之意圖，不過是同時保護眾小國，而得到眾小國的依附；小國之意圖，也不過是入事大國，而求得大國的庇護，大家一體皆「下」，透過自我解消的工夫，不引起疑慮，也不給出壓迫，大國小國就可以保有「靜」的和諧境界了。不過，大國以下小國，比較容易，因為沒有後顧之憂，反正小國不可能併吞大國；小國以下大國，則相對艱難，因為再退讓即一無所有。小國弱勢，為捍衛最後的尊嚴，反而會以傲慢的姿態出現。故在大國小國的互動間，還是「大者宜為下」，因為大國立於不敗之地，處下可以讓眾小國放心，而以「大國者下流」，在「天下之交」間，實現「天下之牝」的生成之道。

第62章

不善何棄的奧藏萬物

心是乾坤袋，藏有人間美好。

道者萬物之奧。善人之寶，不善人之所保。美言可以市尊，美行可以加人。人之不善，何棄之有？故立天子，置三公，雖有拱璧以先駟馬，不如坐進此道。古之所以貴此道者何？不曰：求以得，有罪以免邪，故為天下貴。

道者萬物之奧。善人之寶，不善人之所保。

「道者萬物之奧」，《河上公本》云：「奧，藏也，道為萬物之藏，無所不容也。」此注精到。天道是奧藏萬物的終極之地，因天道無心，無執著無分別，不責求也不批判，萬物在此得到了生命的安頓。故下文云：「善人之寶，不善人之所保。」善與不善的人間二分，來自心知的執著與人為的造作，此有心有為，責求善也批判不善，迫使天下人承受壓力與傷害。

依老子的理解，人間街頭老把「善」的標準執定在自家的身上，這是人世間最大的偏見，且責求天下人符合我的價值標準，只要是跟我不同的，即判定為「不善」，這是人世間最大的傲慢。實則，人人天生本真，人人都有自家的善，把原本屬於不同的善，說成不善，且推上極端，而成為一種意識形態以排除異己，此即導致人間紛擾的癥結。

道奧藏萬物，給出庇護之所，人間二分之下的「善人」與「不善人」，都可以解開心靈的桎梏，而得到生命的釋放。善人不必被善套牢，不善人也不必逃離不善，善與不善一起放下，善人固得其寶，不善人也得其所保，在道的保護傘之下，人人自在也自得。「寶」在自在，而「保」在自得。

美言可以市尊，美行可以加人。人之不善，何棄之有？

《王弼本》作「美言可以市，尊行可以加人」，今據《淮南子》〈人間訓〉與〈道應訓〉兩篇引文而改。「美言可以市尊」，即美言可以買到尊貴，「美行可以加人」，即美行可以加重於人。問題是，此美言、美行之「美」，一如「信言不美，美言不信」（八十一章）之「美」，本質上是人為加工的誇飾虛假，故「人之不善」，只是欠缺美言美行的偽裝加持而已，當然「何棄之有」，怎麼可能被排除拋棄呢？

二十七章云：「常善救人，故無棄人。」四十九章又云：「善者吾善之，不善者吾亦善之，德善。」可與此章彼此印證，而相互發明。無掉「善」與「不善」的執著二分，解消美言市尊、美行加人的造作，而回歸人人本有的常善與德善，天下人皆得其天生本真的「寶」，也得其道法自然的「保」，因為道體是又有又無的「玄」妙，而「天下萬物生於有，有生於無」（四十章），故道體的「無」正是所以能奧藏萬物的生成原理，「奧藏萬物」就是道體的「有」，「有」萬物也就是「生」萬物、「妙」萬物了。

故立天子，置三公，雖有拱璧以先駟馬，不如坐進此道。

「立天子，置三公」，正所以凸顯人間的名位權貴，「有拱璧，先駟馬」，亦所以炫耀人間的富麗排場，都不如「坐進此道」。此一「坐」字，相對於「立」天子、「置」三公的「有心」，與「有」拱璧、「先」駟馬的「有為」而言，「坐」是當下放下一切，而一切已在這裡，「坐進此道」，意謂在無心無為中，回歸天道自然。「有拱璧」是擁有雙手合拱之大的璧玉寶石，「先駟馬」是由車隊先行開道的威勢風光；此有形的寶石，遠不如無形的寶（天真之德），且權貴富有的人為造作，搶盡人間光采，已構成天下百姓的威脅，在「其次，畏之；其次，侮之」（十七章）的民意反應之下，猶恐「物壯則老」而「不道早已」（三十章），因為人為短暫而自然長久，所以說「不如坐進此道」。

古之所以貴此道者何？不曰：求以得，有罪以免邪，故為天下貴。

最後這句即問自古以來人人皆尊貴此道的原因何在？答案就在「求以得」，求道者善人固得其寶，不善人也得其所保。所謂「有罪」，乃指被判為不善之過，實質上，「不善」可以還原為「不同的善」，故其罪過自可解免，而不必承受被貶抑被流放的挫折傷害。「道體」使人人皆貴，是「貴」的源頭活水，故為天下之最貴。

第63章

無爲無事的報怨以德

忘了自家的德，人我之間歸於無怨。

為無為，事無事，味無味。大小多少，報怨以德。圖難於其易，為大於其細。天下難事，必作於易；天下大事，必作於細。是以聖人終不為大，故能成其大。夫輕諾必寡信，多易必多難。是以聖人猶難之，故終無難矣。

為無為，事無事，味無味。大小多少，報怨以德。

首段為全章之重頭戲，言聖人治天下，所為的是無為，所事的是無事，所味的是無味，而無為、無事、無味皆從無心說，無心是心知不起執著，因為無心無知，為等於無為，事等於無事，味等於無味，不執著也就不負累，沒了大小多少的分別比較，也就不會引生人間難以擺平的「怨」。

《論語》有云：「不患寡，而患不均。」不均之患，就在比較心、得失心的不平之「怨」。老子首先要問的是，「怨」何自起，答曰起於大小多少的執著分別。再進一步問，「報怨」之道何在，答曰無怨。所謂「報怨」，就是回應民怨之道；「以德」，是以無心天真來化解，無心就是不起執著，沒有大小多少的分別，無分別比較，就不會有患得患失之「患」，民間的「怨」也就可以化解於無形了。當人物「復歸於嬰兒」，人間「復歸於樸」，嬰兒天真，鄉土樸質，無心無為，「怨」無由而起，如何「報」的問題，已然不存在，這是老子「不答之答」的智慧。

《論語》亦有「以德報怨」與「以直報怨」的對話，孔子反對「以德報怨」的理由，在「何以報德」，你都以恩德去回報對我們有怨的人，請問還有什麼可以用來回報對我們有德的人？「報德」與「報怨」，理當做出區隔，孔子給出的答案，在「以直報怨」而「以德報德」，這才是恩怨分明的合理回報。老子的「報怨以德」，跟《論語》

的「以德報怨」，不可遽爾畫下等號，前者論的是要以無心天真化解民間「怨」的萌生，後者問的是以恩德回報對我們有怨的人合理嗎？二者完全在不同的關懷之下發言。故康有為「以德報怨，其學出於老子」之說，僅在字面上求解，而未得其精微之義。老子無心的化解，根本就不讓「怨」有引生的空間，孔子有心的貞定，「怨」已滋生該如何回報，故拋出「何以報德」的問號，來逼顯「以德報怨」的不合理。而當該「以直報怨」，站在道德的立場，每一個人都要為自己的言行負責，對我們有怨的人，我們仍然要還給他一個正直的公道，而不會以怨報怨，而加深人我間的怨責恨意。

圖難於其易，為大於其細。天下難事，必作於易；天下大事，必作於細。是以聖人終不為大，故能成其大。

為政之道，「圖難」要在其「易」處，「為大」要在其「細」處，理由在，「難」必起於「易」，「大」必出於「細」，故意圖解決天下大難事，要在細易處入手，而不讓輕易小事，坐大惡化而為重大難題，那不僅心力交瘁而難期有功，且傷害早已形成。所以聖人終究不為大，不好大喜功，不等細易化成大難，為情勢所逼迫，說是勉為其難，然為時已晚，錯失最佳的時間點。原來，聖人之所以能「成其大」，理由就在他的「終不為大」。依「為無為，則無不治」（三章）來看，前者是「終不為大」，後者則是「成其大」，「成其大」是「有」，「終不為大」是「無」，這就是老子「有生於無」之形上原理的體現。

夫輕諾必寡信，多易必多難。是以聖人猶難之，故終無難矣。

最後，未經評估即輕易許下諾言的人，一定少有信實的表現，把問題看得太簡易的人，一定會承受更多難題的考驗，因此聖人治天下，雖面對細易事，仍如同大難般的看重，不會坐等問題擴大加重才去處理，所以也就不會有「大難」的發生。此「聖人猶難之」，就是「聖人終不為大」；「故終無難矣」，也就是「故能成其大」。此所成之「大」，不在功業的「大」，而在「終不為大」的無為智慧。聖人「無為」，天下百姓也就可以回歸家常日常的「無不為」了。

第64章

爲之未有的輔物自然

人生智慧本在不讓問題產生。

其安易持，其未兆易謀；其脆易泮，其微易散。為之於未有，治之於未亂。合抱之木，生於毫末；九層之臺，起於累土；千里之行，始於足下。為者敗之，執者失之。是以聖人無為故無敗，無執故無失。民之從事，常於幾成而敗之；慎終如始，則無敗事。是以聖人欲不欲，不貴難得之貨；學不學，復眾人之所過，以輔萬物之自然，而不敢為。

其安易持，其未兆易謀；其脆易泮，其微易散。

此段是說，人世間的事，在情勢安定時容易操持，兆端未現時容易圖謀；在脆弱而未成形時容易破解，細微而簡易時容易消散。「泮」，《傅奕本》作「判」，《說文》：「判，分也。」今分、判已連語使用。此脆微一如細易，因其易判易散，故當「圖難於其易，為大於其細」（六十三章），以其「旨約而易操，事少而功多」（〈論六家要旨〉）之故。

為之於未有，治之於未亂。

義理往上伸進一層，不僅在細易處為治，而且根本不讓問題發生，一如不讓「民怨」萌發一般，此從「未有」、「未亂」的化解工夫，說「為之」與「治之」，理由就在「其安易持，其未兆易謀」。「安」即「未有」，「未兆」即「未亂」。不過，依語文脈絡看，既「未有」，又何須「為」？既「未亂」，又何須「治」？實則，老子要說解的是，因為「為之」，故「未有」，因為「治之」，故「未亂」。此為洞燭機先，且先發制人的政治智慧。

五十二章云：「見小曰明。」三十六章又云：「是謂微明。」細易是「小」，未有、未亂是「微」，聖人虛靜觀照，於細易之「小」，與未有、未亂之「微」，已照現問題之即將發生，故表面看來是「安」，而實質上僅是「未兆」的關鍵時刻，已將問題化解於無形。故所謂的「為之」與「治之」，皆從「為無為，事無事」（六十三章）的無心而為說，這一「無」的修養工夫，讓天下回歸本無事的自然狀態，讓百姓回歸皆謂我自然的自在自得，這就是「為之於未有，治之於未亂」的真正意涵了。

合抱之木，生於毫末；九層之臺，起於累土；千里之行，始於足下。

此言合抱之木的大，是從小樹苗長大而成；九層之臺的高，是由每一竹籠所盛的土積累而成；千里之行的遠，是從雙腳逐步走出來的。「累」當「蔂」，是可盛土的小竹籠。總說大作於細，難作於易，人間大難固由細易坐大而成，人間美好也要在心上做工夫，日積月累涵養而有。

為者敗之，執者失之。是以聖人無為故無敗，無執故無失。

本來「為者」是為了「成之」，「執者」是為了「得之」，卻因為執者有心，為者有為，執著造作適得其反，反而落在可能「敗之」與「失之」之恐慌陰影的壓力困境中。因為成敗得失本是相對而立，相因而成的，有成則有敗，有得即有失。人心的痴迷熱狂，誤以為我可以只要成，不要敗，只要得，不要失，實則那是不可能的任務。人生得成外在的名利權勢，一定會失落了生命本身的天真自在，投入了太多的時間心力在人間街頭奔競爭逐，留給自身跟家人聊天談心的閒情空間，一定會相對的減縮，甚至疲累厭倦之餘，幸福指數當然直線下降了。故聖人不求有成，也就不會落敗，不求有得，也就不會失去，此「不求」即無心無為，不會因執著造作，而失落了家常日常的自然美好。

民之從事，常於幾成而敗之；慎終如始，則無敗事。

人間行走，不論從事哪一行業，最常見的遺憾是功敗垂成，在即將成功的階段，卻意外落敗，此看似輸在終點線的衝刺，實則錯失早就深藏在起跑點的抉擇。老子反思的問題，表面上看來是如何「慎終」，實質上給出的扭轉卻在「如始」。此「如」當「於」解，不是要大家堅持到最後一分鐘，而是一開端就要有無執無為的覺悟。無心知的執著，就可以永不失去，無人為的造作，就可以永不落敗，所以說「無敗事」。慎終於始，根本就不讓問題有發生的可能，更不用說會坐大惡化了。

是以聖人欲不欲，不貴難得之貨；學不學，復眾人之所過，以輔萬物之自然，而不敢為。

最後，聖人所欲的是不欲，所學的是不學，「不欲」、「不學」皆從無心無為說，心知不起執著，人為也不造作，不去尊貴天下的貨利，不去崇尚人間的賢名，就不會引發天下人追逐名利的熱潮。「復」當「救」解，把天下人從爭名奪利的病痛中救了回來，聖人無心無為，而百姓自在自得。「輔」是不主導不宰制，「自然」是「然」從自己來，聖人不干預不妨害，百姓回歸家常日常，所謂「不敢為」，即不敢有為，不敢自以為是聖人智者，而有心有為。此聖人智者的「不敢」，正回應慎終於始的人生理解，避開「幾成而敗之」的人間遺憾。

合抱之木的大，是從小樹苗長大而成；人間美好也要在心上做工夫，日積月累涵養而有。（攝影：鄭明禮）

第65章

與物反矣的玄德大順

聖人總帶著萬物回歸一體的和諧中。

古之善為道者，非以明民，將以愚之。民之難治，以其智多。故以智治國，國之賊；不以智治國，國之福。知此兩者亦稽式；常知稽式，是謂玄德。玄德深矣遠矣，與物反矣，然後乃至大順。

古之善為道者，非以明民，將以愚之。

「善」乃自然無心之謂，「為道者」是依道而行的人。道引入人間，為政之道在「非以明民，將以愚之」。此「明」是「知人者智」的執迷紛擾，「愚」是「自知者明」(三十三章)的虛靜明照。故「明民」是有心有為，開啟爭端；「愚之」則是無心無為，而歸於素樸。「明」看似精明，實則流於算計權謀，然而人算不如天算，此反倒會傷害了天生本真；「愚」看似愚昧，實則大智若愚，內斂涵藏，反而能保有自然美好。

故「愚之」不是如錢穆先生所說的「愚民政策」，也不是余英時先生主張的「反智論」。二十章云：「我愚人之心也哉！俗人昭昭，我獨昏昏；俗人察察，我獨悶悶。……我獨頑似鄙。」此「昏昏」無心、「悶悶」無為的看似鄙陋，就與「昭昭」有心、「察察」有為的精明相反，而在位者會以「愚人」自稱，正是「絕聖棄智」、「絕仁棄義」之自我解消的修養工夫，消解了聖智有為與仁義有心，而回歸「道法自然」的無為治道。「道常無為而無不為」(三十七章)，聖人無為，百姓無不為，聖人帶百姓「復歸於嬰兒」，且引天下「復歸於樸」(二十八章)，這就是「愚之」的內涵寫照了。

民之難治，以其智多。故以智治國，國之賊；不以智治國，國之福。

此詮表「非以明民」的理由，就在「民之難治，以其智多」，因為明民會智多，一邊是什麼都想要的痴迷熱狂，一邊是什麼都不管的馳騁畋獵，只問目的，而不擇手段。三十六章云：「國之利器不可以示人。」智多是爭逐搶先的利器，且隱藏性的心術運用，猶恐流於陰深險忍，何止難治，根本就天下大亂了。以智治國，會帶來國家的昏亂，故云「國之賊」；反之，不以智治國，不好大喜功，不拋現可欲，使民心不亂，天下太平無事，這才是國家之福。

知此兩者亦稽式；常知稽式，是謂玄德。

「知」承上啟下，由是可知之謂（另本無「知」字）；「此兩者」，是「以智治國，國之賊；不以智治國，國之福」的治道論定。「稽」當「考」解，「稽式」即今古之所同式，意謂此兩者乃君上治國可藉此參證的法式。另本「稽式」作「楷式」，即是「法式」，「常知稽式」是此可資參證的法式，常存我心。由「無了才有」的修養工夫，體現「有生於無」的生成原理，這就是又有又無的天道玄德了。

玄德深矣遠矣，與物反矣，然後乃至大順。

這段話，可與「繩繩不可名，復歸於無物」（十四章）對看，整合以求解。玄德之所以深遠，就在它「生而不有」的生成作用，將「生」的「有」解消，而還歸道本身的「無」，此「玄之又玄，眾妙之門」（一章）的形上原理，不可道又不可名，故云：「吾不知其名，字之曰道。」（二十五章）道自隱無名，本不可說，然體現道的人，證悟天下萬物從它來，又走在它的路上，無以名之，而給出「道」的稱謂。「與物反矣」，猶「反者，道之動」（四十章），「反」就是「復歸」，「道之動」帶著萬物回歸它自己的生成作用中。「然後乃至大順」，「大」是「道」的強為之名，「順」是「知和曰常」（五十五章）的整體和諧，而「無物」不就是萬物均衡的和諧狀態嗎？此和諧狀態就是「歸根曰靜」（十六章）的「靜」，風平浪靜、風和日麗，不就是天下什麼事都沒有的太平景象嗎？

此證成「非以明民，將以愚之」，是「善為道者」的無為智慧。「非以明民」是無為的「無」，「將以愚之」是無不為的「有」，聖人體現了「有生於無」的形上玄德，而為天下帶來了「大順」的整體和諧，這一天下本無事的昇平景象，不就是「國之福」嗎？故可以做為古往今來之從政者，該當常存我心的價值模式。

第66章

言下身後的百谷之王

超前領先者要心存歉意。

江海所以能為百谷王者，以其善下之，故能為百谷王。是以欲上民，必以言下之；欲先民，必以身後之。是以聖人處上而民不重；處前而民不害。是以天下樂推而不厭。以其不爭，故天下莫能與之爭。

江海所以能為百谷王者，以其善下之，故能為百谷王。

長江大海之所以能成為百谷之水的匯歸之地，理由就在它的「善下之」，「善」在無心自然，「下之」當動詞用，即處下不爭之謂。

此可與「上善若水，水善利萬物而不爭，處眾人之所惡，故幾於道」（八章）統合並觀。水利萬物，「善」在不爭，水無心自然的利萬物，也無心自然的往下流，因無心而不起執著，無分別不計較，才可能長久的處在眾人所厭惡的卑微之地，且在最卑下的地方，做最高貴的「利萬物」也「生萬物」的事。此所以上善之人的生命品格像水一般，體現了道體「有生於無」的生成原理。江海也沒有自我的執著，無心自然的處下不爭，空出自己，而容納天下百川的水，此所以成其為天下的百谷之王。再看第四章所云：「道沖，而用之或不盈，淵兮似萬物之宗。」道體沖虛，而妙用無窮，像深淵般包容萬物也生萬物，可以做為萬物的宗主。江海善下，如同道體沖虛；接納百川的水，亦即「用之或不盈」；而百谷之王也就是「萬物之宗」了。

是以欲上民，必以言下之；欲先民，必以身後之。

此天道生萬物的生成原理，落在人間，即聖人生百姓的政治智慧。在位者想要身處萬民之上，一定要言語謙卑；想要身居萬民之先，一定要把自己放在最後。此「上民」與「言下」，「先民」與「身後」，取得上下先後的平衡，而有一整體的和諧。

此「言下」與「身後」，說的是在位者處下不爭的修養工夫。此第七章有云：「是以聖人後其身而身先，外其身而身存。」「後其身」，就是「身後之」；「外其身」，就是「言下之」。聖人放下身段，反而「身先」、「先民」；聖人謙退自處，反而「身存」、「上民」。「後其身」、「外其身」，是「無」的工夫修養，而「身先」、「身存」則是「有」的生成妙用了。

是以聖人處上而民不重，處前而民不害。

「是以」即「以是」，因此之意。聖人處上，即「欲上民」；處前，即「欲先民」。聖人位居天下人民之上，一定會給天下人民帶來屈居人下的壓迫感；身處天下人民之先，也一定會讓天下人民承受常處於人後的傷痛。道家的智慧在於，聖人已做了「言下」、「身後」的自我消解，化掉了處上的沉重壓力，也不會構成處前的生命傷痛。「為之於未有，治之於未亂」（六十四章），在天下難題未形成之先，就已化解於無形了。

是以天下樂推而不厭。以其不爭，故天下莫能與之爭。

最後，聖人處上而民沒有壓力，處前而民沒有傷害，故天下人民樂推聖人於自身之上，樂推聖人於自身之先。此「樂」，藏有「百姓皆謂我自然」的自得之意，既「樂推」也就「不厭」，自不會有厭棄之心。而其理由就在「以其不爭，故天下莫能與之爭」，聖人「身後」、「言下」，把自身放在最卑下的位置，他放下一切，不跟天下人爭先後比高下，請問天下還有哪一個人能跟他爭呢？因為根本就失去了「爭」的空間了。

第67章

道大不肖的我有三寶

在自我解消中給出包容的空間。

天下皆謂我道大，似不肖。夫唯大，故似不肖。若肖，久矣其細也夫！我有三寶，持而保之：一曰慈，二曰儉，三曰不敢為天下先。慈故能勇，儉故能廣，不敢為天下先，故能成器長。今舍慈且勇，舍儉且廣，舍後且先，死矣！夫慈，以戰則勝，以守則固。天將救之，以慈衛之。

天下皆謂我道大，似不肖。夫唯大，故似不肖。若肖，久矣其細也夫！

天下人都以為我所說的「道」太開闊無邊，而不切實際；太虛無玄妙了，而難以理解，所以說看起來不像。「不肖」是不像有形器用，可以抓住，可以控御。「夫唯大，故似不肖」，就因為「強為之名曰大」的道體，無聲無形又無所不在，太大了反而看起來不像。何以不像，因為無相可相。「久矣其細」，就是其細久矣，老子在此做一個後設的反思，假如讓世俗民間覺得「道」像器物般有用的話，那麼長久以來我所說的「道」，就不是「大」的體，而是「小」的用了，也真是微不足道了。此如同「下士聞道，大笑之，不笑不足以為道」（四十一章），何以「大笑之」，因為「不肖」；「不笑不足以為道」，也就是「若肖，久矣其細也夫」，此反諷幽默間，藏有自嘲的惆悵，更多的是放下的包容。

我有三寶，持而保之：一曰慈，二曰儉，三曰不敢為天下先。

老子現身說法，「道」化身為三大法寶，人人皆當持守而保有。一是無心自然的「慈」，二是「儉」約的智慧，三是不敢為天下先的處世態度。母「慈」乃天地生物的奧祕，發自天生母性的本能，讓萬物世代綿延，堪稱「道法自然」的第一道德。相對而言，儒家的「仁」來自人性的價值自覺，故人間世界的第一道德在子「孝」。「慈」偏及飛禽走獸，「孝」則人間所獨有。

「慈」無心亦無為，而無為的本身卻有無不為的妙用，這就是儉約的人生智慧。「儉」不是生活財用的節儉，而是生命智慧的儉約。司馬談〈論六家要旨〉有云：「旨約而易操，事少而功多。」為政之道，因旨約而事少，因易操而功多，前者無為，後者無不為。六十三章云：「圖難於其易，為大於其細。」在細易處圖難為大，自是簡易高明的政治智慧。六十四章云：「為之於未有，治之於未亂。」在未有未亂之時，即為之治之，化解問題於無形，更是儉約智慧之充盡極致的表現。

所謂「無為」，就在守柔居弱，處下不爭，也就是「不敢為天下先」，不過，「道常無為而無不為」（三十七章），且「後其身而身先」（七章），「後其身」是無為，「身先」則是無不為，原來，「不敢為天下先」的處世態度，已涵藏有「後其身而身先」的儉約智慧；而智慧的開顯背後，卻是對人間普遍關懷的「慈」心。

慈故能勇，儉故能廣，不敢為天下先，故能成器長。

這活出人間的三大法寶，值得天下人持守而保有的理由在：母慈的無心之愛，能啟動生成天下的勇氣擔當；儉約的智慧，能拓展更寬廣的淑世空間；不敢搶在天下人之先的退讓，反而能成就眾器之長的救人志業。二十八章有云：「樸散則為器，聖人用之則為官長，故大制不割。」樸質的原木被切割散開，而打造出各式各樣的器用來，聖人治天下，就依據有如原木般樸質的「道」，用以統合職權已區隔散開的百官，所以可以做為百官之長的政治領導人。不然的話，百官職權已散落裂解，天下平治又如何能成？故要以「道」樸的無執著無分別，來整合眾器百官，制度一定會帶來割裂，以「道」來統貫整合的「制」，就是大制不割了，解消了因制度而割裂的負作用。

今舍慈且勇，舍儉且廣，舍後且先，死矣！

反觀現代人卻舍本而求末，舍離了「慈」、「儉」、「後」（「不敢為天下先」的濃縮精簡）的「體」之本，而求其「勇」、「廣」、「先」的「用」之末。「死矣」是死定了，意謂絕無可能，如同無源之水、無本之木，終將枯竭而死亡。吾人對老學的流變來做考察，申韓得其儉約之智而發為政治術用。慎到得其「不敢為天下先」的處世態度，沉墮而為「塊不失道」的「死人之理」（生命如土塊般無知，就可以遠離壓力困苦，此已非生人之行，這樣的生命觀，堪稱死人之理）。二者皆失落了老子三寶的「一曰慈」，「二曰儉」成了刻薄寡恩的治術，「三曰不敢為天下先」則成了自閉的土塊了。

夫慈，以戰則勝，以守則固。天將救之，以慈衛之。

總結全章，「慈」為根本，「慈故能勇」，所以說「以戰則勝」，「儉故能廣」，所以說「以守則固」，以「無為」的「守」，保住「無不為」的「固」。「善者果而已，不敢以取強」（三十章），用兵之道，「善」在「慈」，「果」在「儉」，「不敢以取強」也就是「不敢為天下先」了。「果」，《王弼本》解為「濟難」，重心在「以守則固」，而不在「以戰則勝」。依慈心守護家國天下，一定是堅固不可破。故云，天道要救哪一個人，是以那一個人本身的「慈」心，來救他自己，這就是「常善救人，故無棄人」（二十七章）的真正意涵了。

樸質的原木被切割散開，而打造出各式各樣的器用來，聖人治天下，就依據有如原木般樸質的「道」。

第68章

不武不怒的不爭之德

處下不爭，天下凝聚。

善為士者不武，善戰者不怒，善勝敵者不與，善用人者為之下。是謂不爭之德，是謂用人之力，是謂配天古之極。

這是《道德經》少數言兵的一章，其論述的依據仍在「有生於無」的形上原理。所謂的用兵之道，重在作用層的化解，而不在實有層的建構。「不爭之德」是化解的作用，「用人之力」則是作用的保存。本文架構極為精簡，幾乎是一氣呵成，前半說理，後半綜論。

善為士者不武，善戰者不怒，善勝敵者不與，善用人者為之下。

此段「為士」之職責在「征戰」，而「征戰」的旨標在「勝敵」，而「勝敵」之根本在「用人」，已形成一系列的架構理路。

從「古之善為士者」（十五章）與「古之善為道者」（六十五章）來看，「善為士」也就是「善為道」。「士」立身在貴族與庶人之間，既無貴族之封地采邑，又乏農工商之專技產業，孑然一身，惟「士志於道」以求「天下有道」而已。問題在，是儒門之士，還是墨者之俠，甚或道家之隱。儒門之道在仁義禮智，墨者之道在兼愛非攻，道家之道在清靜無為。三家各有內聖外王之道。而老子所謂「善為士」者，即體現清靜無為之道於自身的「士」。看上下語文脈絡，此「士」當指涉領軍的將帥。將帥帶兵征戰，征戰重在爭勝，而勝敵之本在用人。

本來，「武」所以「為士」，「怒」所以「征戰」，「與」所以「勝敵」，「為之下」所以「用人」。老子卻獨家說「善」，而道家義理「善」在無心自然。「善」如何體現，各加一個「不」字，「不」不是實有層的否定，而是作用層的化解。老子「正言若反」的辨證思考，化解正面的執著造作所拖帶出來的反面效應，反而可以更上一層樓的保存原有的正面價值。「不武」是深藏不露，不炫耀自家軍團有多強，這樣才是「善為士者」；「不怒」是冷靜從容，不被激怒而輕啟戰端，這才是「善戰者」；「不與」，另本「與」作「爭」，「不與」即不與之爭，不隨對方起舞，不被叫囂牽動，而亂了自家陣腳，這才是「善勝敵者」；「為之下」是放下自己的身段，謙退禮讓，以發揮團隊力量，這才是「善用人者」。

「善」由致虛守靜的修養工夫而開顯，不會落在「物壯則老」之「不道早已」的自我毀壞中。從「為士」、「征戰」、「勝敵」與「用人」，皆以「道」為依歸。天道「有生於無」的實現原理，引入政治是「無為而治」的智慧，導向用兵則是「不爭之德」的妙用。

是謂不爭之德，是謂用人之力，是謂配天古之極。

此段是前半說理之統合綜論語。「不武」、「不怒」、「不與」和「為之下」的統合歸結，就在「不爭之德」。此「不爭之德」，正所以開啟「用人之力」的寬廣空間，而價值源頭就在「配天古之極」。

「不爭之德」，如同「不敢為天下先，故能成器長」，成眾器之長，就是能「用人之力」的將帥，且「為之下」而天下才士群集效力，也就是「儉故能廣」的無窮妙用了。二者皆本於「配天古之極」，此亦彰顯了「天將救之，以慈衛之」的形上智慧。「天」是萬物存在的根源，「古」是文化傳承的根源，二者都是「極」，「配」當「合」解，也就是合乎天道的終極原理。

第69章

所執無兵的哀者之勝

無形的能量才是致勝的依據。

用兵有言：吾不敢為主而為客，不敢進寸而退尺。是謂行無行，攘無臂，扔無敵，執無兵。禍莫大於輕敵，輕敵幾喪吾寶。故抗兵相加，哀者勝矣。

本章承上一章，續言用兵之道，且皆為「我有三寶」的例證與引伸。

用兵有言：吾不敢為主而為客，不敢進寸而退尺。

此擺出「不敢為天下先」的姿態。所謂「用兵有言」，可能是自古以來兵家相傳的教言。「為主」是發動者，看似操之在我，握有主動進攻的優勢，然「靜為躁君」（二十六章），受攻者看似被動，卻有以靜制動的運作空間，此已主客易位，清靜隱藏者反為主，發動暴露者反為客，優勢盡失，且可能掉落對方巧設之埋伏陷阱。所以說不敢主動進攻，而寧可靜以待動；且不敢前進一寸，而寧可退守一尺，此自是處下不爭的處世態度。

不過，這可不是以退為進的權謀，用以出奇制勝，而是無為的本身就是無不為，可以遠離戰火，保有太平歲月。

是謂行無行，攘無臂，扔無敵，執無兵。

此凸顯了「二曰儉」的應變智慧。部隊或攻或守，總要布陣行軍，要高舉雙臂，要拋擲敵人，要手執兵器，然在「不敢」的體認之下，所有的軍事布局與操練，加上一個「無」，都要從有形轉入無形，以「無」的化解作用，再作用的保存「有」的格局。行無形的行陣，攘無形的手臂，扔無形的敵人，執無形的兵器，「實有層」的布局操練依舊，而以「作用層」的智慧來靈活運用。以靜制動，莫測高深，讓敵人不敢輕啟戰端。

《王弼本》云：「言無有與之抗也。」既化解於無形，不會觸動對方的敏感神經，或逼出一觸即發的失控情勢。此以「無」為善，正是「善為士者不武，善戰者不怒，善勝敵者不與，善用人者為之下」（六十八章）的不爭之德。

禍莫大於輕敵，輕敵幾喪吾寶。

在列強對峙間，沒有比看輕敵國更大的災難，因為輕估帶來誤判，兵凶戰危，而「其事好還」，會引爆「荊棘生焉」的毀壞，與「必有凶年」的禍患。故「輕敵」的背後，可以說是喪失了三寶之首的「慈」，悖離了「天將救之，以慈衛之」（六十七章）的道行。輕敵等同藐視，會牽動對決的激烈反應，豈不是把天下人民逼向戰火的煎熬嗎？「大國者下流」（六十一章），尊重小國的感受，不給出壓力，反而得到了眾小國的真心擁戴，怎而恃強而輕敵呢！

故抗兵相加，哀者勝矣。

「抗兵」是兵力相當，「相加」意謂兩軍對陣，勝利總是屬於心存慈悲的一方。「哀」是悲憫哀憐之意，即使戰勝了，也當「以哀悲泣之」、「以喪禮處之」（三十一章），出乎慈心悲懷，人世間的戰亂或許可以消解於無形了吧！

第70章

易知易行的言宗事君

內斂涵藏保有生命的純真。

吾言甚易知，甚易行；天下莫能知，莫能行。言有宗，事有君。夫惟無知，是以不我知。知我者希，則我者貴。是以聖人被褐懷玉。

吾言甚易知，甚易行；天下莫能知，莫能行。

此章一開始，老君發出真切的感懷，問「吾言甚易知，甚易行」，何以「天下莫能知，莫能行」？吾所言之道，本「甚易知，甚易行」，而天下人卻「莫能知，莫能行」。藉此提問而自我反思，此平易近人的道，在人間怎會滯礙難行？

「知」是理解，「行」是實踐，理解由體悟而來，已涵蘊了實踐的意味，故悟道也就是道行。生命的學問，「知」與「行」本是一體不可分的。「甚易知」是因為「不出戶，知天下」，「甚易行」是因為「不窺牖，見天道」（四十七章），天下本在吾家，天道就在我身，回歸真實的自我，也就知天下見天道了，這不就是甚易知、甚易行了嗎？

而「莫能知」是因為「下士聞道，大笑之」（四十一章），「莫能行」是因為「天下皆謂我道大，似不肖」（六十七章），既「莫能知」，也就「莫能行」。惟此非理論艱深之理解的難題，而是心知執著的障蔽，與人為造作的偏頗。在「為學日益」的執著造作中，「其出彌遠，其知彌少」（四十七章），故扭轉之道，在「為道日損」的工夫修養，無掉心知人為的障蔽偏頗，就會頓然發現老君的道。真相在「甚易知，甚易行」；「莫能知，莫能行」僅是世俗迷離帶出來的假相。

言有宗，事有君。夫惟無知，是以不我知。

從「知」來說，我是「言有宗」；從「行」來說，我是「事有君」。問題在，言語散落而行事瑣碎，言語旨在理解，行事重在實踐，都是以「道」為依歸，散落的言語與瑣碎的行事，都統貫在「道」的體系中。此所謂「宗」，即「淵兮似萬物之宗」（四章），此所謂「君」，亦即「靜為躁君」（二十六章），宗主與君主皆指涉「可以為天下母」的「道」，而以深淵的奧藏與虛靜的觀照，來描述天道的生成作用。

而「道」深藏靜觀，既無心又無為，「夫惟無知，是以不我知」，就因為「道隱無名」（四十一章），「道」把自身隱藏在什麼都不是的無名中，「無知」是無掉心知，解消執著，不打出自己的名號，不彰顯自己的光采，所以天下人「不我知」（即「不知我」，文言語法受詞提前），道不顯「知」相的豐富精采，世俗民間因其「不肖」而「大笑之」，「道」就此在人間失落。

知我者希，則我者貴。是以聖人被褐懷玉。

天下人不知我，就是「知我者希」，老君在此就從「知我者希」說「則我者貴」。「人之迷，其日固久」（五十八章），所以「知我者希」；「則」當動詞用，意謂能以我所說的「道」理，做為價值規範與行為模式的話，那就人間少有，且難能可貴了。此依道而行的道行，就在「為道日損」，解消心知，減損人為。「被褐」是外著粗布短衣，「懷玉」是內懷珍寶美玉，以粗服涵藏寶玉，因寶玉會透露光采，故以粗服來掩蓋。五十二章云：「用其光，復歸其明。」五十八章又云：「光而不燿。」內斂涵藏自身的光采亮麗，不賣弄炫耀，不壓迫天下人，這才是聖人的人格行誼。聖人被褐懷玉，就在「和其光」中「同其塵」，聖人即以此道行而平治天下。

第71章

知止不知的聖人不病

能超越心知的人，可以免於生命的病痛。

知不知，上；不知知，病。夫唯病病，是以不病。聖人不病，以其病病，是以不病。

此章寥寥數語，至簡而難解，說解的是契入「道」的進路問題。

知不知，上；不知知，病。

此段依常識性的解讀，知而不自以為知，是合理的認知心態；不知而自以為知，則是不合理的認知心態。合理在開發精進不已的生命內涵，不合理在阻斷了自己的成長空間。此與孔子所說的「知之為知之，不知為不知，是知也」的義理相近，知之是知之，而不知也能承認自己的無所知，那才是合理的學習態度。希臘大哲蘇格拉底也說：「我所知道的唯一一件事，那就是我什麼都不知道。」此開啟西方傳統以「知識的探究」為首出的哲學進路，而以儒學為主流的中土傳統，卻抉擇以「生命的實踐」為首出的哲學進路。前者謂知識的學問，後者謂生命的學問。

依《道德經》而言，「為學日益」是知識的學問，而「為道日損」則是生命的學問，日益與日損皆就心知說。日益是心知的執著，日損是心知的解消。故「知」是心知的執著，「不知」則是心知的解消，「知」與「不知」一如「可道」、「可名」及「常道」、「常名」，是兩層的超越區分。「可道」、「可名」，是以心知執著的價值理念，來引導人生的走向，並規定生命的內涵；「常道」、「常名」則是解消心知的執著與主觀的偏見，讓生命回歸生命本身，而給出「每一個人走出自己想走的道路，並活出自己想要的內涵」的自在天空。

故「知不知，上」，是「知」進到「不知」，此即「為道日損」的生命進路；「不知知，病」，是由「不知」掉落「知」，亦即「為學日益」的心知進路。前者生命因心知日損，而存全天真，故為「上」；後者生命因心知日益，而失落天真，故為「病」。「上」在精純高明，「病」在迷離困惑。心知減損則虛靜觀照，由自知而知常；心知增益則外逐流落，「其出彌遠，其知彌少」（四十七章），越往外追尋反而離道越遠。

《莊子・齊物論》有云：「知止其所不知，至矣。」二者對看而相互印證，此即「知不知，上」最貼切的解釋。「知不知」是「知止其所不知」，「上」則是「至矣」。「止」有依止停靠之意，值得放下一切追尋，而停靠依止的一定是終極理想的朗現。「不知」是道心，堪稱至高無上的理境開顯。四十四章云：「知足不辱，知止不殆。」體悟人生路當足於本德，而止於天真，就可以遠離屈辱而不會毀壞了。

夫唯病病，是以不病。

帛書本無此八字，錢大昕疑為後人竄入，因其義理完全與末段重疊。依字面上來說，就因為自家能以病為病，防患於未然，有此體認覺悟，就不會落在由「不知」而「知」之執著造作的人生病痛中。

聖人不病，以其病病，是以不病。

聖人依道而行，無此病痛，原因就在能以病為病，不走外逐日益的心知之路，而走回歸日損的生命之路。以是之故，聖人有避開人生病痛的免疫力，乃由「不知」的修養而來。

第72章

無狎所居的聖人自知

把尊嚴美好還給百姓。

民不畏威，則大威至。無狎其所居，無厭其所生。夫唯不厭，是以不厭。是以聖人自知不自見，自愛不自貴。故去彼取此。

本章論為政之道，切入點在尊重人民的感受。

民不畏威，則大威至。

當天下人民對執政者的威權暴力無所畏懼的時候，那麼民怨集結而匯成的反抗怒潮，其威力將遠大於官方既有的統治權勢。此十七章云：「太上，下知有之。其次，親而譽之。其次，畏之；其次，侮之。」太上是道家的治道，其次是儒家的治道，等而下之的是法家的治道，以嚴刑峻法迫使天下人民恐懼政府的威權。惟「畏之」不足恃，到了忍無可忍的臨界點，會引爆「侮之」的抗暴行動。由恐懼轉侮慢，由鄙視政府進而推翻政府。這一民心所發出的巨大能量，實不可輕估。

無狎其所居，無厭其所生。

為了要消解「大威至」之動搖統治權勢的民怨怒火，老君給出了諄諄教誨。「無」是告誡之辭，「狎」是狎弄戲侮，「厭」是嫌惡厭棄，告誡所有在位掌權的人，不要隨意戲侮天下人民的日常起居，不要讓百姓厭棄自己的人生。官方的傲慢戲弄，將會逼出民間對生活品質的嫌惡厭棄，並從厭棄自己往上延燒，進而厭棄政府，那就「大威至」了。

夫唯不厭，是以不厭。

此文句過簡，而語意不明。惟依上下語文脈絡看來，可解讀為：就因為百姓不厭棄自家此生，因此也就不會爆發厭棄政府的決絕行動。官方狎弄戲侮人民，在失去尊嚴之下，會有此生不值得活下去的厭棄感，當然心中也排除了政府存在的空間了。「信不足焉，有不信焉」（十七章），官方信不足，民間有不信，民間不信任政府，進而厭棄政府，也就由「畏之」而「侮之」，由「不畏威」而「大威至」了。

是以聖人自知不自見，自愛不自貴。故去彼取此。

前頭告誡，後論扭轉之道，要從聖人的修養做起。聖人要自知，不要自見（即自現），「自知」即「自知者明」（三十三章），虛靜明照，由自知而知常，而「常善救人，故無棄人」（二十七章），此為聖人救人之極致；而「自現」是自身愛現、標榜自己，搶盡天下人的光采，反而看不到天下人，故云：「自見者不明。」（二十四章）

其次，聖人要自愛，而不要自貴。「自愛」是朗現生命本身的自在天真，而不會把生命當做爭逐名利，奔競權勢的工具；「自貴」則是高貴自己，十三章所云：「貴大患若身」，也就是「貴身若大患」，高貴自己是人一生最大的憂患，因為會逼自己去打天下，以名利權勢來高貴自己，而與天下人對抗，當然是一生沒完沒了的憂患負累了。

依「貴以身為天下，若可寄天下；愛以身為天下，若可託天下」（十三章）來看，一個把自身看做比天下還高貴還可愛的人，天下的名利權勢，等同身外物，他不要天下，我們也就可以放心的把天下寄託在他的身上。這樣的人，就是「自愛而不自貴」的人，他不會「馳騁畋獵」（十二章），不會逼自己去打天下，而傷了自己，也害了天下。故承擔天下大任的聖人，要去掉「自見」、「自貴」的「彼」，而擇取「自知」、「自愛」的「此」。執政者少傲慢，天下人就擁有自在的天空了。

第73章 勇於不敢的天網不失

無心自然，百姓自來。

勇於敢則殺，勇於不敢則活。此兩者，或利或害。天之所惡，孰知其故？是以聖人猶難之。天之道，不爭而善勝，不言而善應，不召而自來，繟然而善謀。天網恢恢，疏而不失。

勇於敢則殺，勇於不敢則活，此兩者，或利或害。

這兩句話的成立與否，不能通過人間街頭的成敗得失，來檢驗證成。因為落在群體社會的人我互動間，存在著太多偶然的因素，有時當機立斷，勇往直前，反而可以衝出一條生路；有時遲疑不決，錯過可以扭轉的第一時間，反而身陷絕境。如同禍福之間，僅是一念之轉與一門之隔而已，「孰知其極，其無正」（五十八章），誰能抓得住禍福之間的分界點，那可是沒有標準答案的。

就道家義理來看，「勇於敢則殺」，「勇」在「心使氣曰強」（五十五章）的心知執著，「敢」在「強行者有志」（三十三章）的人為造作，心執著氣也帶動氣，以求塑造勇者強人的形相，且心知執著而意志跟進，「強行」正是「敢」的全力衝刺。「心使氣曰強」，就是「物壯則老」，天下人物求其壯大自己，在使氣中強行，此生命力的過度燃燒，迫使自己走向衰老，「是謂不道，不道早已」（三十章），既是悖離天道自然的生成原理，那就加速生命的衰亡，所以說：「勇於敢則殺。」「勇於不敢則活」，此一「勇」字，當從「慈故能勇」（六十七章）來理解，「慈」是母慈無心，而「勇」在母性的生成擔當。「慈故能勇」，正如「守柔曰強」（五十二章），說是「勇」說是「強」，意謂母慈乃天地生成萬物的原理。「不敢」在無限的包容，與完全的接納。且「不敢為天下先」（六十七章），雖「後其身」，卻「身先」（七章），在生成兒女中生成自已。所以說：「勇於不敢則活。」故這兩句話，看似界域的分異，實則是層次的超越區分。「勇於敢則殺」，是有心有為的「不道早已」；「勇於不敢則活」，是無心無為的「守柔曰強」。前者是「殺」，後者則「活」，且死是「害」之最大，生是「利」之最大，所以說：「此兩者，或利或害。」

天之所惡，孰知其故？是以聖人猶難之。

「天之所惡，孰知其故」，「惡」是好惡，「故」是理由。老子的天道，是「道法自然」（二十五章）的形上理則之天，而不是有意志主賞罰的人格主宰之天。天道的本身既是無心自然，也就沒有好惡與理由可說，是以天地萬物的生死，皆屬一氣之化的自然現象，並非上天有意的安排。不過，「人之生，動之死地，亦十有三」（五十章），可不是氣之聚散的自然現象，而是執著造作的人為悲劇。「勇於敢則殺」，就是「人之生，動之死地」，此由「勇於敢」而「動之死地」的扭轉之道，一在「不遇」，二在「無所」，前者說人間行走要避開生死對決的凶險之地，後者說主體修養要解消可以被打敗的致命弱點，二者皆屬「勇於不敢則活」的人生體悟。

「是以聖人猶難之」，高亨《老子正詁》因諸多版本無此句，故云：「此句乃後人引六十三章以注此文，宜據刪。」解讀經典，除非完全不可理解，否則不可輕言刪除。「之」指涉的是「天之所惡」，「難之」意謂「孰知其故」。天無好惡，任何心知揣測與人為假借，皆是「勇於敢」的使氣強行。聖人生百姓，「難之」就在「不敢」，解消人為，而回歸自然，在「慈故能勇」的生成原理中，「勇於不敢」的生成天下。

天之道，不爭而善勝，不言而善應，不召而自來，繟然而善謀。

天道無心無為，且無為的本身就是無不為，不爭、不言、不召與繟然的「無為」，會生發善勝、善應、自來與善謀的「無不為」。天道與世無爭，從不與世間決裂：「天何言哉」，天沒有說些什麼，而與萬物有存在的感應；不發出任何呼喚，而天下人自然來歸；繟然寬鬆且和緩，而順任自然的安排。此從「不」說「善」，化掉人為的造作，而回歸自然的美好。

天網恢恢，疏而不失。

人道的依據在天道，而「道常無為而無不為」（三十七章），無為是無心的為，顯發出來的政治智慧在「勇於不敢」。天道無所不在，雖無聲無形，卻永不失漏。《說文》：「恢，大也。」「恢恢」是有如天羅地網的全面籠罩，天無不遮覆，地無不承載，「不失」意謂沒有人可以逃離此生成原理的天羅地網之外。

第74章

代司殺者的自傷其身

替天行道是人為造作之最。

民不畏死，奈何以死懼之？若使民常畏死，而為奇者，吾得執而殺之，孰敢？常有司殺者殺。夫代司殺者殺，是謂代大匠斲。夫代大匠斲者，希有不傷其手矣。

民不畏死，奈何以死懼之？

此「民不畏死」，就是前頭所說的「民不畏威」，天有好生之德，天下人民會有誰不怕死！故「民不畏死」是果不是因，此生沒有尊嚴，沒有前景，誠如《孟子・告子上》所云：「所惡有甚於死者。」在生不如死的年代，天下人民對死亡已無所畏懼，統治者再以死刑來威嚇人民，又如何奈何得了不畏死之民！當然發揮不了嚇阻犯禁的作用。

若使民常畏死，而為奇者，吾得執而殺之，孰敢？

此專為法家治道所設想之論。所謂「若使民常畏死」，乃在「無狎其所居，無厭其所生」（七十二章）的無為治道之下，天下人民愛惜自己的生命，認定此生歲月值得珍惜，在此一前提之下，「為奇者」是指涉不走正道而作姦犯科的人，「吾」是執政掌權者的自稱，「執」是拘捕人犯，「殺之」是依法處以死刑，「孰敢」是請問還有誰敢觸犯法禁！這一段話，若直接解為道家立場的自我宣示，那就錯得離譜了，因為語氣不對，且與上下文脈有隔。

常有司殺者殺。夫代司殺者殺，是謂代大匠斲。夫代大匠斲者，希有不傷其手矣。

「司殺者」是指涉掌管萬物生滅的天地造化，「常有」是常在，「殺」是指涉花開花落春去春來的生滅變化，此近《荀子・天論》的「天行有常，不為堯存，不為桀亡」之說。「天行有常」，就是「常有司殺者殺」，「不為堯存，不為桀亡」意謂天之行與司殺者之殺，是無心自然，而與人間善惡不相干。故「夫代司殺者殺」，是試圖以人為取代自然，「以死懼之」就是「代司殺者殺」。人間以替天行道自我期許的人，在使命感的道德光環之下，由狂熱走向冷酷，自以為擁有主宰天下人生死的特權，這一專制獨斷的狂人行徑，堪稱「代司殺者殺」的最佳寫照。

此政治狂人落在民間而言，就像「代大匠斲」，大匠砍伐木頭，自有其專業的素養與經驗的累積，外行人在技藝與經驗兩缺之下，試圖取代大匠去砍斫樹木，那不僅是不可能完成的任務，而且會帶來嚴重的後遺症，很少能不傷到自己的手。故云：「夫代大匠斲者，希有不傷其手矣。」天道的生成作用，無可取代；大匠的專業本領，亦無可取代。統治者的「以死懼之」，就跟「代司殺者殺」與「代大匠斲」一樣的不可能，且其引發的後遺症恐難以收拾，「民不畏威，則大威至」，天下社稷就可能毀在這一我心狂野的人為造作中。

花開花落春去春來的生滅變化，是無心自然，與人間善惡無干。（攝影：鄭明禮）

第75章

食稅有爲的難治輕死

民生日用沒有炒作的空間。

民之饑，以其上食稅之多，是以饑。民之難治，以其上之有為，是以難治。民之輕死，以其上求生之厚，是以輕死。夫惟無以生為者，是賢於貴生。

本章續言治國之道，民之難治，乃由君上有為而來。

民之饑，以其上食稅之多，是以饑。

天下人民挨餓受凍，原因就在君上開徵重稅，人民負荷不了，竟連溫飽都成問題。此乃君上只圖自家奢華享樂，而不問民間疾苦所致。《論語・顏淵》有若答哀公「用不足」之問，云：「百姓足，君孰與不足；百姓不足，君孰與足！」君上治國，首要之務在養民，下民足，君上有什麼好不足的；反之，下民不足，君上又怎能足？今為了食稅之多，而迫使下民一日三餐沒有著落，這還能說是身為君上的治國之道嗎？

民之難治，以其上之有為，是以難治。

天下人民會難以治理，原因在君上自己的有心有為。六十五章云：「民之難治，以其智多。」「智多」是「民多利器」、「人多智巧」，此從君上之「天下多忌諱」與「法令滋彰」（五十七章）而來。前者有心而後者有為，故云：「以智治國，國之賊。」反之，「我無為而民自化」、「我無欲而民自樸」（五十七章），君上無為無欲，下民歸於樸實淳厚，不會以智巧利器，來回應君上之忌諱法令，在自然理序中自在過活，又何須治？

民之輕死，以其上求生之厚，是以輕死。

「輕死」是不珍重生命，也不愛惜生命，該當看重的，卻反而看輕，這是不知輕重之生命價值觀的錯亂與迷失。四十四章云：「名與身孰親，身與貨孰多，得與亡孰病？」這將生命自「身」，分別跟聲「名」、「貨」利放在天秤兩端做出比較，何者為輕，又何者為重；再進一步逼問，得到了外在的聲名貨利，卻失去了生命本身的自在美好，何者對人生來說會是傷痛？此不答間已給出解答。故「輕死」是生命價值觀的嚴重扭曲，而其原因卻在君上的「求生之厚」。此「求生之厚」帶出「食稅之多」，君上壟斷天下的資源，壓縮民間存活的空間，一如「人之生，動之死地」（五十章），君上求生太過，反而掉落死地，因為下民輕死，就「不畏威」，那「大威至」的民怨怒火，也就延燒到自家的身上了。

夫惟無以生為者，是賢於貴生。

「生為」是以「生」為務，「為」乃人為造作，用心經營之謂。「無以生為」，是

「生」無須用心去「為」。三十八章云：「上德無為而無以為，下德為之而有以為。」上德之「無以為」乃德的本身就是目的，未夾雜其他的因素；下德之「有以為」，乃德的本身非僅是目的，已夾雜德之外的其他因素。就「生」而言，也可以有「無以為」與「有以為」的區分，「無以為」是回歸生命本身，「有以為」亦即「貴生」之意，以聲名、貨利來高貴自身，卻反而失落了生命本身的自在美好，故「無以生為」的無心無為，比諸「貴生」的有心有為，顯然高明太多。五十五章云：「益生曰祥。」「祥」為反訓，不祥之謂，益生乃不祥。「益」是人為造作，增益是為了富麗高貴此身，卻反而失去純真，甚至掉落死地，故為不祥。

第76章

木強則兵的柔弱處上

柔軟是生命存活的表徵。

人之生也柔弱，其死也堅強；萬物草木之生也柔脆，其死也枯槁。故堅強者死之徒，柔弱者生之徒。是以兵強則不勝，木強則兵。強大處下，柔弱處上。

人之生也柔弱，其死也堅強；萬物草木之生也柔脆，其死也枯槁。

此對生死的自然現象，做一事實的描述，人之「生」呈現的存在樣態是柔弱，人之「死」呈現的存在樣態則是堅強，萬物草木亦然，「生」看似脆弱實則柔軟，「死」看似剛強實則乾枯。

故堅強者死之徒，柔弱者生之徒。

此由實然現象的觀察，而體悟出應然的價值歸趨。「徒」可當「類」解，另可當「途」解，走「死」之途者，就歸屬「死」之類的人；走「生」之途者，也就歸屬「生」之類的人。走哪一條路，就是哪一類的人。人生在世，永遠要在生死兩途間，做一存在的抉擇。試看，颱風來時，大樹堅強卻攔腰而斷，小草柔弱卻安然無恙，故守柔居弱，才是活出一生的妙方。

問題在，要由有心有為的堅強，轉向無心無為的柔弱，亟待人生的體悟與實踐。根源在「一曰慈」，體悟在「二曰儉」，實踐在「三曰不敢為天下先」。本於慈心悲懷，給別人空間，也為自己留下餘地；給別人下台階，也為自己預留退路；人人歸根復命，一體成全，就是所謂的「柔弱者生之徒」。反之，人我之間老是一筆抹殺，且幾近全盤否定，去顛覆別人的存在尊嚴，終結別人一生的光采。此逼出攤牌決裂之路，人人馳騁畋獵，相刃相靡，一決死戰而兩敗俱傷，就是所謂的「堅強者死之徒」。

是以兵強則不勝，木強則兵。強大處下，柔弱處上。

兵強是擺出軍容壯盛的傲慢姿態，意圖強霸天下，在兩軍對陣，「抗兵相加」之時，反而會因輕敵而落敗。此一兵強反而不勝的道理，再以民間之「木強則兵」來比喻理解。木頭強大成材，一定會引來大匠們斧頭柴刀的爭相砍斫，而傷了自己。反之，慈故能勇，而勇於不敢，且不敢為天下先，故能成器長，在列國對峙間，可得眾小國的擁戴，而成了盟主領袖。這不就是「堅強者死之徒」，而「柔弱者生之徒」的直接說解嗎？

以樹木為喻，「強大處下」，即樹幹根柢堅強，自然處於樹木之下盤；「柔弱處上」，即枝葉花果柔弱，反而處於樹木之上端。人生亦當如是，強大者要處於天下人之下，由「挫其銳」而「解其紛」，挫損鋒銳，就可以解開紛擾；再由「和其光」而「同其塵」，消融自己的光芒，就可以與人間塵土同在同行。故柔弱不爭的人，反而處於天下人之上。此即體現了天道「有生於無」的實現原理。就人生修養而言，是無了才有。故「無」看似柔弱，既是「生」之象徵，也是「生」之原理。

枝葉花朵柔弱，處於樹木之上端，人生亦當如是，柔弱不爭的人，反能處於天下人之上。

第77章

餘補不足的天道律動

存在之理就在均衡和諧。

天之道，其猶張弓與？高者抑之，下者舉之；有餘者損之，不足者補之。天之道，損有餘而補不足；人之道，則不然，損不足以奉有餘。孰能有餘以奉天下？唯有道者。是以聖人為而不恃，功成而不處，其不欲見賢。

天之道，其猶張弓與？高者抑之，下者舉之；有餘者損之，不足者補之。

天道無聲無形，視之不可見，聽之不可聞，體道之士僅能依據生命實踐的體悟，現身說道，而道又不可言說，故以生活經驗做譬喻說解。天道的生成原理，就像「張弓」的道理。《說文》：「張，施弓弦也。」製作一把良弓，施加弓弦力道要能平衡，取得一體的和諧。否則這把弓會因失衡而傾斜，甚至扭曲變形。現代人少拉弓射箭，大多打羽球、網球，而球拍穿線，一如施弓弦，首在用力均勻，拍面要維持平衡，才能隨心應手擊球。故高出來的要下抑，陷下去的要上舉，正好保有弓弦的平衡；且多餘的要減損，不足以要增補，重在維繫一體平衡的和諧。

天之道，損有餘而補不足；人之道，則不然，損不足以奉有餘。

此將「有餘者損之，不足者補之」，濃縮而為「損有餘而補不足」，天道生萬物，「損」有餘者，以「補」不足者，減損與增補之間，是所謂的「道法自然」，既無心又無為，沒有心知的執著與人為的造作。「以輔萬物之自然而不敢為」（六十四章），讓萬物自生自長，而有一「然後乃至大順」（六十五章）的整體和諧。「人之道，則不然」，「不然」是「不是如此」，不是如天道般的「損有餘而補不足」，相反的是「損不足以奉有餘」，減損不足的人，去討好有餘的人，此人間勢利眼，多的是錦上添花、依附權貴，而少有人能雪中送炭、濟貧救苦，此為人間紛擾與動亂的癥結所在。

孰能有餘以奉天下？唯有道者。

此直接將生命感懷發為天大的問號，問普天之下，誰家能夠如同天道般把自家的有餘，去敬奉天下人的不足！此「奉」字，含有敬意，可不是悲憫施捨，雖救濟而無救濟相，以維護弱勢者的尊嚴。老子自問自答，「唯有道者」，只有「有道者」做得到。「有道者」是把天道體現在自家身上的人，故「有餘以奉天下」是道行，依天道而行，引天道入人間，社會福利與人間救濟的慈善事業，就是替天行道的人，當然是天大的功德了。

是以聖人為而不恃，功成而不處，其不欲見賢。

聖人生百姓，依據的是天地生萬物的生成原理，故聖人必是「有道者」，是道行人間的人。此道行從何而見？就在「為而不恃，功成而不處」，此「為」就是「生」，聖人生百姓，雖有天大功德，卻不恃為己恩，生成百姓是「功成」，不恃為己恩是

「不處」。第二章云：「功成而弗居。」「弗居」即「不處」，不處就是不居功，「絕聖而後聖功存」，忘掉自己是聖人的人，才能保存「生百姓」的功德，因為「百姓皆謂我自然」，才是真正的「生」，這是道家「不生之生」的大智慧。不然的話，百姓的「生」，都是聖人給的，「生」的美好就此失落。故下文云：「其不欲見賢。」「其」指聖人，「不欲」是不想要，沒有意圖之意，「見」唸「現」，「現賢」是彰顯自己的才能與功勞，「不欲見賢」，正是「絕聖棄智」、「絕仁棄義」（十九章）與「上德不德」之自我解消的工夫，也就是「損有餘」與「為道日損」（四十八章）的「損」，不凸顯自己的德行功德，內斂涵藏，把「生」之德化掉，還給百姓「自己如此」的自在美好，這才是道家「無為而治」的政治理想。

「人道」當該以「天道」為依歸，損一己之有餘，以補天下人之不足。

第78章

受國不祥的天下人主

水最柔弱，也最堅強。

天下莫柔弱於水，而攻堅強者莫之能勝；以其無以易之。弱之勝強，柔之勝剛，天下莫不知，莫能行。是以聖人云：受國之垢，是謂社稷主；受國不祥，是為天下王。正言若反。

天下莫柔弱於水，而攻堅強者莫之能勝；以其無以易之。

天下萬物的存在性格，沒有比水更柔弱的，而攻堅擊強的力道，卻沒有能比水更猛烈的。「以」是問何以故？理由在，「無以易之」。此有二說，其一「易」當「變易」解，就水本身說，沒有任何一物可以改變，甚或取代它；其二「易」當「輕易」解，此就人的態度說，沒有人可以輕忽它存在的分量。此二說以前說較妥當貼切，不過二說亦可統合，就因為沒有人可以改變它，所以也沒有人可以輕估它。

第八章云：「上善若水，水善利萬物而不爭，處眾人之所惡，故幾於道。」水的「利」在潤澤萬物，而「善」在不爭，不爭的源頭在無心而自然，因水自然往下流，處在眾人所厭惡的卑下之地，才可能同時利萬物；又因水無心而不與萬物爭，才可能長久的處於下流而利萬物。老子從「利」萬物說「生」萬物，故自處卑下而無所不在的水，看似最柔弱，實則最堅強，因萬物若缺了水的潤澤，必乾枯而死。此等同天地之大德的「生」，已近於道體的生成原理，道體的「無」是最柔弱，道體的「有」則最為堅強。此所謂「攻堅強者」，落在兩軍對陣，大軍圍城而久攻不下，最有效的進攻利器，就在引水攻城，再堅固的城牆也會隨之崩解。由此言水之無可變易或取代，故沒有人可以看輕它。

弱之勝強，柔之勝剛，天下莫不知，莫能行。

此將「柔弱勝剛強」（三十六章）拆開，而成上下兩句並列。所謂「勝」，可不是「柔」打敗了「剛」，「弱」打敗了「強」，而是說人生在世，以柔弱的姿態出現，遠比自以為剛強好得太多。柔弱是無心無為，剛強是有心有為，水無心無為，沒有自己而無所不在，若有心有為，則引生抗拒，而難以融入萬物。試看水之柔弱竟連鋼筋水泥亦可透入，此柔弱解消了剛強的自我防衛，而可以與萬物同在並行。問題在，這一簡易的人生道理，天下沒有人不知，卻沒有人能行。故不是理論的問題，而是實踐的問題，而實踐起於水「幾於道」的體悟。

是以聖人云：受國之垢，是謂社稷主；受國不祥，是為天下王。

由「道」的體悟，而有「道」的實踐，聖人由體道而行道，由水之「處眾人之所惡」，而自居於「天下之惡皆歸焉」（《論語・子張》）的下流處。此「處眾人之所惡」與「天下之惡皆歸」，就是「受國之垢」與「受國不祥」，聖人治天下、生百姓，將天下的塵垢與百姓的不祥，都由自家來擔負來承受，就在「受國之垢」中治天下，在「受國不祥」中生百姓。

十三章云：「貴以身為天下，若可寄天下，愛以身為天下，若可託天下。」意謂把自身看成比天下還高貴還可愛的人，也就是不會假借天下之權勢名利來高貴富麗自己的人，才可以把治理天下的重任寄託在他的身上。此等人視權勢名利如塵土，如累贅，不會打天下而害了百姓。不過，聖人治天下生百姓，得擔負民間疾苦，而承受俗染塵囂，此負累塵垢，皆人生不祥之事，要能承受得住，得有解消的工夫與放下的智慧。不論守柔居弱，或處下不爭，根本在體現道體的「無」，而「無」了才「有」，「有」天下「有」百姓。

正言若反。

最後這句，是老子對「吾言甚易知，甚易行」，何以「天下莫能知，莫能行」的自我詮解。所謂「正言若反」，意謂人生的正面道理，都從反面去切入，「若」是看起來像，而事實上不是，如「明道若昧，進道若退」（四十一章），「明道」、「進道」是「正言」，「若昧」、「若退」則是「若反」，光明的道看起來像昏昧，前進的道看起來像後退，實則是明道藏在昏昧中，進道藏在後退中，此「藏」是內斂涵藏的修養工夫，不搶盡人間光采，也不去壓縮別人的空間，才是照亮人間也活出人生的道。

依正反合的精神辯證歷程來看，正面的執著會帶出它的反面，此「反」是自我的否定，而「若反」則有如打預防針一樣，可以有免疫力，克服了反面，是為否定之否定，而走向更高正面的「合」。此如「大巧若拙」，自以為巧的人，實則是笨拙，「若拙」是把巧妙藏在笨拙中，化解自以為「巧」實則笨拙的負面效應，不僅保存了正面，且推上更高正面的「合」，是之謂「大巧」。

由此看來，「正言若反」，不僅是老子言說的獨特形式，且涵藏了心靈化解的工夫與生命成全的智慧。

天下萬物的存在性格，沒有比水更柔弱的，而攻堅擊強的力道，卻沒有能比水更猛烈的。

第79章

不責於人的契合符信

怨已生，再求和解，終究有憾。

和大怨，必有餘怨，安可以為善？是以聖人執左契，而不責於人。有德司契，無德司徹。天道無親，常與善人。

和大怨，必有餘怨，安可以為善？

「怨」起於在位者的有心有為，有大小多少的執著與分別，便會帶出大小的比較心，與多少的得失心。你大我小，你多我少，就算親如兄弟，心中也會滋生不平的「怨」。若不知「報怨以德」，以無心天真來化解，而聽任「怨」積累而成了「大怨」，再求和解，則為時為晚，因為餘怨猶在，裂痕已深，而心中有憾。「安」當「豈」解，怎麼可以說是「為善」呢？依道家「無心」為「善」來看，「安可以為善」，意謂這哪裡是「報怨以德」的自然無為之道呢？因為報怨之道，首在化解「怨」，無執著分別，也無比較得失。「怨」已化解於無形，既無怨，又何須「報」呢？「無為而治」才是簡易而高明的政治智慧。

是以聖人執左契，而不責於人。有德司契，無德司徹。

依老子的理解，在位者的可道可名，通過知善知美與尚賢貴貨而展開，此既有心又有為，有心在把價值標準定在自家的身上，有為在責求天下人符合我的標準，此心知的執著是主觀的偏見，而人為的造作則是權勢的傲慢。故聖人治天下，不以自己做為標準，而責求天下人。此「不責於人」的無為治道，用「執左契」的民間立約來說明，立借據訂契約，恆分成左右兩半，雙方各執其一，執左契者等待對方來契合而已，執右契者則可以責求財物於人。「有德司契，無德司徹」，「司」當「主」解，契是契約，徹為十取一的稅法。此有德無德相對而言，聖人有德，故執左契而不責於人，而無德的在位者，卻依稅法來責求天下人納稅。前者無為，故民間無怨，後者有為，則民間怨生矣。

惟高亨《老子正詁》云：「凡貸人者執左契，貸於人者執右契，貸人者可執左契以責貸於人者，令其償還。聖人執左契而不責於人，即施而不求報也。」貸人者即今之債權人，貸於人者即今之債務人，債權人穩操左券，本可以責求債務人依法償還，卻執左契而不用，此合乎「生而不有，為而不恃，長而不宰」之玄德，故此說亦通。又云：「徹，疑當為殺。」因二字之篆文形近而誤，論據在「常有司殺者殺」（七十四章），而「代司殺者」正是無德者悖離天道自然的刑暴行為，此可另存一說，惟不如原本「司徹」與「司契」相對而言之貼切。

天道無親，常與善人。

最後一句，「天道無親」，也就是「天地不仁」，仁者愛人，而不仁即無親，沒有特別親近的人，那就是「一曰慈」的無心之愛；「常與善人」，「與」當「助」解，「善人」是無心天真的人，天道自然永遠跟無心天真的人同在同行，「助」是虛說，因無心天真的人，即回歸天道自然的人，就在天地生萬物的生成作用中，保有生命的自在美好。此可與「天將救之，以慈衛之」（六十七章）對看求解，天道以「生」救人，而無心之「慈」，正是「生」之原理，人間一切美妙的「有」，皆生於道體的「無」，「無親」跟「慈」，正是道體之「無」在人間的體現。

第80章

甘食美服的小國寡民

在高度文明中過儉樸生活。

小國寡民。使有什佰之器而不用，使民重死而不遠徙。雖有舟輿，無所乘之；雖有甲兵，無所陳之。使民復結繩而用之。甘其食，美其服，安其居，樂其俗。鄰國相望，雞犬之聲相聞，民至老死不相往來。

小國寡民。使有什佰之器而不用，使民重死而不遠徙。

《王弼本》云：「國既小，民又寡，尚可使反古，況國大民眾乎，故舉小國而言也。」此說大有問題，國小民寡回返古樸尚易，國大民眾則相對艱難許多，故「尚可」與「何況」之比較論定，幾近荒謬而不可理解。

問題出在，「小」與「寡」指涉的不是數量的寡小，而是價值的觀念，指稱的是素樸的國度與天真的人民，也就是「復歸於樸」的國度，與「復歸於嬰兒」的人民，前者「常德乃足」，後者「常德不離」，此「足」於「不離」的生命向度，落實於家常日常，就在「使有什佰之器而不用，使民重死而不遠徙」。「什佰之器」乃「樸散則為器」的產物，散開的什佰之器，各有器用，加上「始制有名」（三十二章），名號抽象而制度割裂，故云：「聖人用之，則為官長，故大制不割。」（二十八章）聖人做為百官之長，要以「樸」治天下，回歸「道常無名」的「樸實」，如是生命不會僵化落空，人間體制架構也不會出現割裂的負作用，「小國寡民」就是「大制不割」的真實寫照。

依「道常無名，樸雖小，天下莫能臣也」（三十二章），與「常無欲，可名於小；萬物歸焉而不為主，可名為大」（三十四章）來看，此所謂「小」，皆指謂道體的無名無欲。再看，「侯王自謂孤寡不穀」（三十九章），與「人之所惡，惟孤寡不穀，而王公以為稱」（四十二章），侯王或王公以「孤寡不穀」自稱，正是「物或損之而益」（四十二章）的修養工夫與政治智慧。故「小」與「寡」皆不是指涉人間現實功利的數量寡小，而是道體本身的無名之樸，與「為道日損」的體道境界。由是而言，《王弼本》不僅推論荒謬，且理解有誤。「使民重死而不遠徙」，「重死」是「無厭其所生」（七十二章），不要迫使天下人厭棄他自己的這一生，自然就會看重生命，而疼惜自己；「不遠徙」則是安土重遷的鄉土情懷，這是農業社會民間鄉土的認同與歸屬，那是成長的土地，也是心靈的歸鄉。

雖有舟輿，無所乘之；雖有甲兵，無所陳之。使民復結繩而用之。

此承上文而言，「使有什佰之器而不用」，故言「雖有甲兵，無所陳之」；「使民重死而不遠徙」，故言「雖有舟輿，無所乘之」。「使民復結繩而用之」，似乎意圖重返原始部落社會，實則意謂無執著無分別的素樸純真，可不是民智未開的茫昧渾沌。雖有舟輿、有甲兵，「無所」是沒有發揮作用的空間，對素樸純真而言，舟輿、甲兵是多餘的，故「結繩而用之」。既無心無為，也就無用，此化絢爛為平淡，在簡易中顯高明，在單純間藏豐富。「知足者富」，知內在本自具足的人，才是真正的富有。

甘其食，美其服，安其居，樂其俗。

衣食的家常甘美，居處習俗的安樂，由無心無知、無事無欲間自然透顯出來，是「日出而作，日入而息，鑿井而飲，耕田而食，帝力於我何有哉」的自在美好，天高皇帝遠，就在家常日常中，活出天大地大來。故老子所謂的自然，可不是現象的自然，事實的自然；而是境界的自然，價值的自然，是吾心虛靜觀照所開顯的境界。「萬物靜觀皆自得」，甘美安樂正是靜觀所照現的自在美好。

鄰國相望，雞犬之聲相聞，民至老死不相往來。

「鄰國相望」，保有距離的美感，沒有邊界，也沒有設防；「雞犬之聲相聞」，彼此聲氣相通，生命無隔，雞犬是農家生活的伙伴，叫聲則是農家生活的節奏，緊鄰相望，在虛靜觀照中朗現美感，拉開距離又有一體感應的和諧。「民至老死不相往來」，不因緊鄰切近而彼此干擾，存全自家的獨立空間與互發的光亮。老子在此描繪出他心中的理想國，此為陶淵明「桃花源」之所本。

這一章，是道家「天下有道」的境界描述，是從儒家「天下有道，禮樂征伐自天子出」之大一統格局解構而有的無為治道，老子直就儒家周文解體而禮壞樂崩的所謂「天下無道」，一轉而為道家「復歸於樸」的「天下有道」，而「小國寡民」正是這一「道法自然」的境界朗現。

第81章

利而不害的天道成全

傾盡所有奉獻天下，而擁有更多。

信言不美，美言不信；善者不辯，辯者不善；知者不博，博者不知。聖人不積，既以為人己愈有，既以與人己愈多。天之道，利而不害；聖人之道，為而不爭。

此章為《道德經》的完結篇，總說天之道與聖人之道，人道要走天道的路，人間天上一體並行。

信言不美，美言不信；善者不辯，辯者不善；知者不博，博者不知。

此兩兩相對的三句話，是以遮為詮，從它不是什麼來說它是什麼。真實的言語是不用人為加工去美化修飾的，而亟需美化修飾的言語則是少有真實的；善德天真的人是不用為自己辯解的，而亟需為自己辯解的人則是少有善德的；明白知道的人是不用博學多聞的，而以博學多聞自許的人則是不明白不知道的。

四十九章云：「善者吾善之，不善者吾亦善之，德善；信者吾信之，不信者吾亦信之，德信。」善與不善，信與不信的截然二分，是心知的執著與主觀的偏見，「不善者吾亦善之」、「不信者吾亦信之」，不是善惡不分，是非不明，而是解消心知的執著與分別，讓每一個人回歸人人本有的善德，人人本有的真實，又何需美化辯白呢！

再從「為學日益，為道日損」（四十八章）來看，「博者」乃為學日益的人，「知者」乃為道日損的人。為學日益的人，是「其出彌遠，其知彌少」（四十七章），是不知道的；而為道日損的人，「損之又損，以至於無為」，根本是無需博學去增益撐持的。《莊子・齊物論》云：「道隱於小成，言隱於榮華。」博學多聞是「可道」的「小成」，成於小道，是則大道常道隱退；美化辯白是「可名」的「榮華」，榮於華名，是則真言常名隱退。此與首章有前後呼應的氣勢。

聖人不積，既以為人己愈有，既以與人己愈多。

「既」當「盡」解，傾盡自家所有的美好，施予天下人，看似傾盡給出了，實則自家反而擁有更多。理由在，天下人的「有」，就是聖人本身的「有」，天下人的「多」，就是聖人本身的「多」。四十一章云：「夫唯道，善貸且成。」天道「無」了自己而「有」了萬物，聖人「無」了自己而「有」了百姓。「善貸且成」，是天道無心，就在賦予萬物中成就天道的自身；聖人之道也無心，就在賦予百姓中成就聖人的自身。天道生成了萬物，聖人生成了百姓，不就是己愈有，也己愈多了嗎？

天之道，利而不害；聖人之道，為而不爭。

最後一段，天道生萬物，利萬物而不害萬物，聖人之道生百姓，讓百姓成長而不跟百姓爭。因為，天之道與聖人之道，皆是「生而不有，為而不恃，長而不宰」的玄德。生、為、長是「利」，不有、不恃、不宰是「不害」；生、為、長是「為」，不有、不恃、不宰是「不爭」。天之道，以「不害」來成全「利」，聖人之道，以「不爭」來成全「為」，「不害」與「不爭」是道體的「無」，而「利」與「為」是道體的「有」，道體的生成原理，就在「有生於無」。何以成就了「利」，因為化解了「利」的負作用，在「不害」中利萬物；何以成就了「為」，因為化解了「為」的負作用，在「不爭」中「為」（長成）百姓。人間世俗的德則不然，「利」一定帶來了「害」，而「為」是跟天下人「爭」，「生而有，為而恃，長而宰」，生、為、長是「利」是「為」；有、恃、宰則是「害」是「爭」，此所利與所害，所為與所爭，正好功過相相抵消，堪稱白忙一場。

老子在完結篇，以「甚易知」的理論，引領天下人走向「甚易行」的實踐，從世俗民間而言，人生的道路與生命的內涵，就在「利」與「為」，惟「利」與「為」的正面，會拖帶出自己反面的「害」跟「爭」，故人生的智慧與生命的覺悟就在，要化解正面所拖帶出的反面，那就是「不害」與「不爭」，因為「不害」而成全了利，因為「不爭」而成就了「為」，那不就是「吾言甚易知，甚易行」了嗎？天道玄理落在人間實現，《道德經》就此畫下了完美的句點。

綠蠹魚叢書 YLC42

老子道德經的現代解讀

作者：王邦雄
策劃：洪建全教育文化基金會
執行主編：曾淑正
編輯協力：洪淑暖・戴芫品
美術設計：Zero

發行人：王榮文
出版發行：遠流出版事業股份有限公司
地址：台北市中山北路一段十一號十三樓
郵撥：0189456-1
電話：（02）25710297
傳真：（02）25710197

著作權顧問：蕭雄淋律師
二〇一〇年二月一日　初版一刷
二〇二三年三月一日　初版十五刷
售價：新台幣三五〇元（平裝）

ISBN 978-957-32-6591-7（平裝）
YLib 遠流博識網 http://www.ylib.com
E-mail: ylib@ylib.com

國家圖書館出版品預行編目資料

老子道德經的現代解讀／王邦雄著. --
初版. -- 臺北市：遠流, 2010.02
面；　公分
ISBN 978-957-32-6591-7（平裝）.

1. 道德經　2. 研究考訂

121.317　　99000375